GRISEIS,

OU

LA VERTU A L'ÉPREUVE,

DRAME EN MUSIQUE.

GRISELDA,

OSIA

LA VIRTU IN CIMENTO,

DRAMMA IN MUSICA, IN DUE ATTI.

GRISEIS,

OU

LA VERTU A L'EPREUVE,

DRAME EN MUSIQUE, EN DEUX ACTES,

REPRESENTÉ pour la première fois sur le Théâtre de l'Opéra-Buffa, le 29 Prairial an 11.

Prix : 30 sous.

A PARIS,

Chez MESTAYER, Libraire, rue de Grammont, n°. 12. tenant un cabinet d'abonnement pour la lecture.

AN XI — 1803.

ATTORI.

GUALTIERI, Marchese di Saluzzo,
  marito da molti anni di Griselda,   Sign. ALLIPRANDI.
GRISELDA, pastorella, figlia di
  Giannucole,   Sign. GEORGI BELLOC.
GIANNUCOLE, vecchio pastore
  che abita in casa del Marchese,   Sign. CRUCIATI.
La duchessa di MONFERRATO, sorella
  del Marchese,   Sig. CANTONI.
LISETTA, sorella di Lesbino,   Sign. FEDI.
LESBINO, giovinetto fattore del
  Marchese,   Sign. NOZARI.
Il Conte di SANAGO, supposto padre
  di Doristella,   Sign. RANFAGNA.
DORISTELLA   Sig. CRUCIATI.

La Musica è del signor PER.

ACTEURS.

GAUTHIER, marquis de Saluces, marié
depuis plusieurs années à Griseïs.   M. ALLIPRANDI.

GRISEIS, paysanne, fille de Jeannotin.   Mde. GEORGI BELLOC.

JEANNOTIN, vieux pasteur, qui habite
la maison du marquis.   M. CRUCIATI.

La duchesse de MONTFERRAT, sœur
du marquis.   Mde. CANTONI.

LISETTE, sœur de Lesbin.   Mde. FEDI.

LESBIN, jeune intendant du marquis.   M. NOZARI.

Le comte de SANAGO, père supposé de
de Doristelle.   M. RANFAGNA.

DORISTELLE.   Mlle. CRUCIATI.

La Scène se passe dans la maison de plaisance du marquis de Saluces.

La Musique est du célèbre PER.

ATTO PRIMO.

SCENA PRIMA.

Parte deliziosa, d'ameno giardino sparsa di fiori, piante, statue, e fontane con vari sedili qua e là disposti in bell'ordine. Da un lato l'ingresso, ed un prospetto di magnifico palazzo. Nel mezzo la riva d'un fiume navigabile, che traversa la scena.

LISETTA seduta a sinistra in atto di suonare una chitarra; indi alcuni camerieri, e cameriere del MARCHESE; poi la DUCHESSA, il CONTE e DORISTELLA.

INTRODUZIONE.

MAR. Mia Lisetta, ho per la testa
    Un pensier che mi molesta:
    Col tuo suono, e col tuo canto
    Fammi un poco divertir.
LIS. Son le mogli oneste, et buone,
    (*suonando la chitarra, e cantando.*)
    Se il marito è scaltro, e dotto:
    Ma se trovano il merlotto:
    Gliela danno da capir:
    Hanno un' aria maledetta:
    Fan di quel ch'io non vo dir.
MAR. Brava, brava, mia Lisetta:
    Segui a farmi divertir.

ACTE PREMIER.

SCENE PREMIERE.

Le théâtre représente un jardin délicieux, parsemé d'arbustes fleuris, de statues, de fontaines, avec des sièges disposés agréablement. On voit d'un côté un palais magnifique. Le fond est borné par la vue d'un fleuve navigable qui traverse la scène.

LISETTE est assise sur la gauche, occupée à jouer de la guittare ; plusieurs domestiques du MARQUIS ; ensuite la DUCHESSE, le COMTE et DORISTELLE.

INTRODUCTION.

LE M. J'AI, ma chère Lisette, une pensée qui m'attriste ; je te prie de me distraire un peu avec ton chant.

LIS. (*Jouant de la guitare*) Les femmes sont toujours aimables et vertueuses quand le le mari est doux et sage ; mais s'il fait des sottises, elles le lui rendent ; elles se fâchent, et le font... ce que je ne veux pas dire.

LE M. Fort bien, Lisette ; continue à me divertir.

LIS.   Con quest' arte....
MAR.   Senti.... senti.....
        (Una strepitosa sinfonia d'obbè, flauti, etc.
        che s'ode all'improvviso, il canto di
        Lisetta.)
LIS. } a 2. { Questo suono d'istromenti
MAR. }   { Cosa sia non so capir.
        (Alcuni damerieri, e cameriere del Mar-
        chese escono dal palazzo, corrono a
        guardare verso il fiume, poi accostan-
        dosi al Marchese, cantano il seguente.)

CORO.

        Vien la Duchessa in barca
        In bella comitiva :
        Prima che giunga a riva,
        Dite, che abbiam da far?
LIS.   Questa Duchessa è quella....
MAR.   Appunto : mia sorella
        Si vada ad incontrar.
        (Il Coro replica quest' ultimo verso del
        Marchese; poi tutti seguitandolo, si dis-
        pongono sulla scena in tal ordine, che
        resta scoperta nel mezzo la vista del fiu-
        me, pel quale si vede arrivare una barca
        riccamente adorno con alcuni sonatori
        sopra. Continuando la sinfonia concer-
        tata col Coro che segue, si vedono scen-
        dere dalla barca prima la Duchessa,
        che s'avanza a poco a poco servita dal
        Marchese; poi Doristella al braccio del
        Conte. Lisetta intanto va a riporre la chi-
        tarra; poi tornando, sta curiosa ad os-
        servare ora la Duchessa, ora Doris-
        tella.)

LIS. De cette manière. . . .

Le M. J'entends. . . . .

 (*Une nombreuse symphonie de hautbois,
de flûtes, qui se fait entendre tout-
à-coup, interrompt Lisette.*)

LIS. à 2. { Je ne puis deviner pourquoi cette sym-
Le M.   phonie.

 (*Plusieurs domestiques du marquis sortent du palais, courent vers le bord du
fleuve, ensuite s'approchent du marquis, et chantent.*)

CHŒUR.

Voici la duchesse qui arrive dans une
gondole avec une suite brillante ; avant
qu'elle aborde, dites-nous ce que nous avons
à faire.

LIS. C'est la duchesse. . . .

Le M. Ma sœur, précisément. Allons au-de-
vant d'elle.

 (*Le chœur répète les derniers mots du
marquis ; ensuite chacun le suit, et se
dispose sur la scène de manière que la
vue du fleuve n'est point cachée au spec-
tateur. Bientôt on voit paraître une gondole richement ornée, portant plusieurs
musiciens qui jouent une symphonie qui
se marie au chœur suivant. D'abord on
voit sortir de la gondole la duchesse qui
s'avance appuyée sur le marquis, ensuite Doristelle qui reçoit le bras du
comte. Lisette va reporter sa guitare ; et
lorsqu'elle revient, elle observe la duchesse et Doristelle avec beaucoup de
curiosité.*)

C O R O.

Al venir della Duchessa
Con sì bella compagnia,
Feste, applausi, ed allegria,
Tutti tutti abbiam da far.

DUC. Questa Dama forestiera,
 (*Presentando il Conte, e Dor. al Mar.,*
 che sta pensoso.)
Questo illustre Cavaliere,
Fratel mio, con gran piacere,
Io vi vengo a presentar.

MAR. Voi mi fate un gran favore.
 (*Distratto senza osservare i due forestieri.*)

DOR. Troppa grazia, troppo onore....

CON. Sono il Conte di Panago
Cavaliere Bolognese,
Che son stato sempre vago
Di conoscere il Marchese,
Questa Dama ancor zitella
È mia figlia Doristella.
 (*Il Marchese alle parole del Conte, e al*
 veder Dor. fa un atto di sorpresa mar-
 cato assai dalla musica.)

MAR. Cosa vedo! Cosa ascolto!
A me sembra di sognar.

DUC. a 2. { Il fratel
LIS. { Il padron } si turba in volto.
Io non so cosa pensar.

CON. (La natura un dolce affetto
Fe' nel petto a lui destar.)

DOR. (Del Marchese, oh Dio! l'aspetto
Mi fa in petto il cor balzar.)
 (*Il Mar. fa cenno ai camerieri e came-*
 riere di partire; due soli dei quali res-
 tano in scena.)

MAR. Quanto grato, vi son, cara sorella,
Della dolce sorpresa che mi fate,
Per le cose passate oggi da voi
Non m'aspettava al certo un tale onore.

CHŒUR.

Que l'arrivée de la duchesse, en si belle
compagnie, soit le signal de la joie, des fêtes
et de l'allégresse.

LA D.   (*Présentant le comte et Doristelle au mar-
            quis qui a l'air pensif.*)
Je viens, mon cher frère, vous présenter
avec plaisir cette dame étrangère, et cet illustre chevalier.

LE M.   (*Distrait et sans regarder les deux étran-
            gers.*) Vous me faites beaucoup d'honneur.
DOR.   Trop de grâce, trop d'honneur.
LE C.   Je suis le comte de Sanago, chevalier de
Bologne, et j'eus toujours grande envie de
connaître monsieur le marquis. Cette dame,
qui n'a point encore d'époux, est ma fille
Doristelle.
            (*Le marquis, à ces paroles du comte, et
            à la vue de Doristelle, fait un mouve-
            ment de surprise que la musique indique
            assez.*)
LE M.   Que vois-je ! Quel mystère ? Fais-je un
songe ?
LA D. à 2. { Mon frère   change de visage. Je ne sais
LIS.   { Mon maître   que penser.
LE C.   (*La nature lui inspire sans doute un ten-
dre sentiment.*)
DOR.   (*L'aspect du marquis me fait palpiter le
cœur.*)
            (*Le marquis fait signe aux domestiques
            de sortir : deux seuls restent en scène.*)
LE M.   Combien je vous suis obligé, ma sœur,
de la douce surprise que vous me causez ;
Je n'osais aujourd'hui me flatter de tant
d'honneur.

DUC. Fratello, io son sincera, e di buon core.
    Se fui con voi sdegnata,
    M'avete a compatir. Per dire il vero,
    A tutto il parentado
    La vostra fantasia parve assai strana,
    Di prendere per moglie una villana.
                      (*Turbandosi.*)
MAR. Or quel che è fatto, e fatto.
DUC. Intorno a questo
    Già parlerem fra noi. La Contessina,
    Che meco stamattina   (*à Dor.*)
    S'è svegliata a buon'ora,
    Sarà forse un po' stanca.
DOR. Oh! no signora.
    Prima da molti giorni
    Io sono avvezza a dormir poco; e poi
    Non so stancarmi in compagnia di voi.
DUC. Vostra bontà.
CON. Per altro sarà bene,
    Se il padrone di casa tel permette,
    Che a riposar tu vada.
MAR. Oh!.... mi stupisco
    La Contessa è in sua casa....
    Dissi tutto: è in sua casa... (almen lo spero.)
CON. (Nel farle un complimento ha detto il vero.)

DUC. Andiamo: se vi piace,
    Verrò con voi.
DOR. Mi fate onor.
MAR. Lisetta, (*Lisetta si presenta alle due Dame,*
       e fa un inchino alla sua maniera.)
    Va tu con queste Dame.
LIS. Eccomi pronta
    A renderle servite. Scuserete,
    Se non parla, e non tratto
    Come dee trattar colle signore,
    V'hu in villa manco smorfie, e più buon
                        core.
DOR. Brava davver.
MAR. Costei è spiritosa.

LA D.   Mon frère, je suis sincère, et j'ai le cœur sensible. Si je fus irritée contre vous, il faut me le pardonner. A dire le vrai, votre étrange fantaisie d'épouser une villageoise, a fâché toute la famille. (*avec émotion.*)

LE M.   C'est une chose faite.

LA D.   Nous en parlerons encore entre nous. La petite comtesse qui s'est levée de bonne heure pour venir avec moi, est sans doute fatiguée.

DOR.   Je suis, dès long-temps, accoutumée à dormir peu ; et puis d'ailleurs, madame, on ne se fatigue jamais avec vous.

LA D.   C'est un compliment.

LE C.   Cependant il sera bon, si le marquis le permet, que tu ailles un peu te reposer.

LE M.   Comment ! la comtesse est chez elle. . . . Je le répète, chez elle.

LE C.   (En croyant faire un compliment, il a dit la vérité, du moins je l'espère.)

LA D.   Allons. Si vous voulez, j'irai avec vous.

DOR.   Vous me faites honneur.

LE M.   Lisette va avec ces dames.
(*Lisette se présente aux deux dames ; et les salue à sa manière.*)

LIS.   Me voilà prête à vous servir. Vous m'excuserez, mesdames, si je ne vous parle pas avec toute la civilité convenable ; au village nous manquons d'usage, mais nous avons bon cœur.

DOR.   C'est bien.

LE M.   Elle ne manque pas d'esprit.

2

DUC. E come ti dimandi !
LIS. La figlia del Fattore a' suoi comandi.
CON. Nubile, o maritata ?
LIS. Sono ancor, grazie al ciel, come son nata.

DOR. Andiam; cara Lisetta,
Tu mi diverti assai.
               (Prendendo Lis. per mano.)
DUC. Ma cosa fate ?
Con codeste villane il vostro grado
Non dovete avvilir.
DOR. Io non ci bado.

SCENA II.

IL MARCHESE e il CONTE.

MAR. DEH! lascia, o caro amico, or che siam
                             soli
Ch' io ti stringa al mio sen. Se non m'inganna
Quel dolce affetto, che al mio cor favella,
Tu mi rendi la figlia in Doristella.
CON. Appunto. Il sangue non è acqua. Or dimmi:
Non era tempo omai
Di ricondurla a te ? Son tredici anni,
Che a me bambina la mandasti, e ch' ella,
Credendosi mia figlia,
Sen vive in casa mia.
MAR. Conte, hai ragione :
Cogli amici ci vuol più discrezione.
CON. Non è per questo. Ma tu vedi.... omai.
E' figlia da marito....
MAR. T'imbroglia il custodirla eh ? Ho già capito.
CON. Ma perdona, o Marchese.
La mia curiosità. Della tua sposa
Qual è il destin ?

LA D.   Qui es-tu ?
LIS.   La fille de l'intendant, pour vous servir.
LE C.   Fille ou mariée ?
LIS.   Je suis encore, grâces au ciel, comme je suis née.
DOR.   Allons. Ma chère Lisette, ta gaîté me plait.

(*Elle la prend par la main.*)

LA D.   Mais, que faites-vous ? Vous ne devez pas vous compromettre ainsi avec des villageoises.
DOR.   Je n'y prends pas garde.

SCENE II.

LE MARQUIS, le COMTE.

LE M.   AH ! permets, mon cher ami, maintenant que nous sommes seuls, que je te presse dans mes bras. Si la voix qui s'élève dans mon cœur ne me trompe pas, tu me rends ma fille en Doristelle.
LE C.   Oui ; le sang ne perd jamais ses droits. Dis-moi, n'était-il pas temps de te la conduire ? Il y a treize ans que tu me la confias encore enfant ; et elle s'est élevée dans ma maison, croyant être ma fille.

LE M.   Tu as raison, mon cher comte : il faut plus de discrétion avec les amis.
LE C,   Il ne s'agit point de cela. Mais tu vois.... C'est certainement une fille de mérite.
LE M.   Je t'entends : Sa garde t'embarrasse.
LE C.   Pardonne-moi, marquis, ma curiosité. Quel est le sort de ton épouse ?

MAR. Vivo, m'adora, e tutto
Soffre da me. Che mai non feci, amico,
Per mettere alla prova
La sua virtù? Qual dama, qual signora
Al suo marito ognora
Sì docil può vantarsi, e rassegnata,
Come costei, che in mezzo ai boschi è nata?
Sdegno, minaccie, villanie, timore
Le trafissero il core, e pur giammai
Nol poteron cangiar: Che più? dal seno
Per mio comando un servo
Questa bambina un dì le tolse, e finse
Di trarla a morte: Ella è alfin madre: e pure
Della natura ad onta in lei prevalse
Con virtù portentosa
D'una madre all'amor quel d'una sposa.

CON. Ma perchè mai ti piacque
Tormentarla così?

MAR. Perchè conosca
La superba germana,
Ch'io fui saggio a sposar questa villana,

CON. Or basta: è tempo adesso
Di consolarla.

MAR. No, non basta, amico,
Di Doristella il padre
Segui a fingerti ancor. Vo' coll' estrema
Prova far noto al mondo
Di Griselda l'amore, e la fortezza.

CON. Ma, per troppo tirar, l'arco si spezza.

A R I A.

Caro amico, in ogni cosa
Ci vuol regola, e misura:
Chi vuol troppo dalla sposa,
Non l'ottien, e non la dura.
Or ci vogliono carezze,
Or ci vuol l'austerità.
E' la moglie un bel giardino;
Ma se male si coltiva,

Le M.   Elle ne vit que pour m'adorer, et tout endurer de moi. Que n'ai-je point fait, ami,
pour mettre sa vertu à l'épreuve ? Quelle est
la femme de condition qui se soit montrée
plus docile envers son époux, que la mienne,
née dans les forêts rustiques ? Les mépris,
les menaces, les insultes, les terreurs ont
affligé son cœur, et ne l'ont point changée.
J'ai fait plus, j'ai ordonné à un serviteur
d'arracher sa fille de son sein, et de feindre
de lui donner la mort. Elle est mère, cependant, à la honte de la nature, sa piété conju-
gale a été assez forte pour surpasser dans
son ame l'amour maternel.

Le C.   Mais pourquoi te plaît-il de la tourmenter
ainsi ?

Le M.   Afin que ma sœur orgueilleuse connaisse
que j'ai eu raison d'épouser cette villageoise.

Le C.   C'est assez. Il est temps d'adoucir la rigueur de son sort.

Le M.   Non, ce n'est pas assez, ami, il faut encore feindre. Je veux qu'une dernière épreuve
fasse connaître au monde quels sont l'amour
et le courage de Griséïs.

Le C.   Mais à force de tendre la corde, l'arc se
rompt.

A I R.

Il faut, mon cher ami, mettre à tout une
règle et une mesure ; trop exiger d'une épouse,
c'est le moyen de n'en rien obtenir. Saches
mêler à propos les caresses à la sévérité. La
femme est un jardin qu'il faut cultiver
avec soin ; l'époux qui en néglige la culture

Per lo sposo poverino
Spunta un' erba assai cattiva
E quest' erba è appunto quella,
Che comune oggi s'appella,
E ve n'ha gran quantità.
La più savia, e onesta moglie
Corre dietro alle sue voglie,
Se il marito scimunito
Le dà troppa libertà.
Sempre a spasso, sempre in moto,
Più non pensa alla famiglia;
E' un vascel senza piloto,
E' un cavallo senza briglia...
Hai ragione....Questo è vero...
Sono anch'io del tuo pensiero....
Convien darle soggezione,
E temerla sempre là.
Ma ci vuole discrezione,
Ma ci vuole carità.
Altrimenti che succede?...
Non si vede ma si sa.　　　　(*Parte.*)

MAR. Dopo quel che sostenne
La mia Griselda, il tormentarla ancora
Invero è crudeltà. Ma vo' far tanto,
Che l'altiera Duchessa,
Che è così contro lei fiera, e ostinata,
La riconosca alfin per sua cognata.
　　　　　　　　　　　　　　(*Parte.*)

S C E N A III.

GRISELDA, indi GIANNUCOLE, e LESBINO.

CAVATINA.

GRI.　Voi d'amante, o dolci affetti,
Che mi state intorno al core,
Non svelate il mio dolore,

n'en retire qu'une espèce de plante assez mauvaise, dont le nom est aussi connu que la quantité en est grande. Il est vrai que souvent la femme mésuse de la liberté que lui accorde un mari imprudent.

Sans cesse en parties de plaisir, elle oublie sa famille : c'est un vaisseau sans pilote...... c'est un coursier sans frein..... tu as raison.... oui, cela est vrai.... je pense comme toi ; il faut la tenir un peu sévèrement. Mais pourtant il y a des bornes à tout : ayons de la charité : autrement qu'arrive-t-il ? une chose que personne ne voit, mais que tout le monde sait. (*il sort.*)

LE M.   Il est certain qu'après toutes les épreuves que ma Griseïs a soutenue, c'est une cruauté de la tourmenter encore. Mais je veux faire tant que l'altière Duchesse qui s'obstine à se montrer fière avec elle, la reconnaisse enfin pour sa belle-sœur. (*il sort.*)

SCENE III.

GRISEIS, ensuite JEANNOTIN et LESBIN.

CAVATINE.

GRI.   Doux sentimens d'amour qui régnez dans mon cœur, ah ! taisez-vous, ne réveillez pas ma douleur.

Deh ! tacete per pietà.
Il dover di fida sposa
Parli solo in questo seno.
Ah ! al mio cor ritorni a'meno
Quella pace, che non ha.

GIA. Oh senti, figlia mia in verità non stracco
Di stare in questa casa,
E di portar questa zimarra indosso.
Il mio panno è più grosso ;
Ma pesa meno assai. Più crudelmente
Teco tratta il marito a te sì caro,
Che non fa colla bestia in multinaro.
Tu sei mia figlia alfin. Per te signora
Ho sofferto, ho taciuto, ho simulato.
Ora non posso più. S'ami tuo padre ,
Se t'è cara la pelle ,
Meco ritorna a pascolar le agnelle.

GRI. Padre se mi vuoi bene ,
Rispetta il mio dover. Non obbligarmi
Di tanta mia costanza
A perder tutto il frutto in un momento.

GIA. Che bile che mi fa !... crepar mi sento.
          (*Si mette sbuffando   camminare pel
                                    giardino.*)

LES. Affè, Griselda, affè questa costanza
E' omai stupidità. Forse sperate
A forza di soffrir insulti, e offese
Di racquistar l'affetto del Marchese ?

GRI. Lesbino, amar lo sposo, essergli fida ,
Rispettar le sue leggi, i suoi diffetti
Soffrir tacendo, e rispettar sue voglie
E' il dover di Griselda, e d'una moglie.

GIA. Oh che moglie ! o che figlia !... Poverina !...
Val più questa, che d'altre una dozzina.

                 T E R Z E T T O.

GRI.   Quel che piace a mio marito,
            A me sempre ha da piacer.

Que le devoir parle seul dans mon âme ;
hélas ! puisse-t-il me rendre la paix que j'ai
perdue.

JEA.   Ecoute, ma chère fille, je suis las de rester dans cette maison, et de porter ce magnifique vêtement. Mes habits rustiques sont
plus grossiers, mais pèsent moins. L'époux
que tu aimes tant, te traite avec plus de dureté qu'un meûnier ne traite une bête de
somme. Tu es ma fille enfin. Jusqu'ici, par
rapport à toi, j'ai souffert, je me suis tû, j'ai
dissimulé : je ne puis plus le faire. Si tu aimes
ton père, si tu es attachée à la vie, viens
avec moi ; retourne à tes brebis.

GRI.   Si votre fille vous est chère, mon père, res-
pectez son devoir. Ne m'obligez pas à perdre
en un moment tout le prix de ma constance.

JEA.   Qu'elle me fait du mauvais sang.....J'é-
touffe.   (*Il se promène à grands pas dans*
                            (*le jardin.*)

LES.   En vérité, Griseïs, votre constance tiens
de la stupidité. Peut-être attendez-vous, à
force d'endurer les offenses du marquis, à
regagner son affection ?

GRI.   Lesbin, le devoir de Griséïs et d'une hon-
nête femme est d'aimer son mari, de lui être
fidèle, de respecter ses loix, de souffrir ses
défauts, et de souffrir en silence.

LES.   Oh ! quelle femme ! quelle fille....Pauvre
enfant ! Combien il y en a peu qui lui res-
semblent.

T R I O.

GRI.   Ce qui plaît à mon époux doit me plaire ;

Non mi cangio, ho stabilito
Di soffrire, e di tacer.

LES. Per pietà non v'ostinate
Ad amar chi vi detesta;
Qualche cosa più funesta
Vi potria forse accader.
Io vi veggio a mal partito,
Deh cangiate omai pensier.

GRI. Quel che piace a mio marito,
A me sempre ha da piacer.

GIA. Figlia mia, ti parlo chiaro,
Tuo marito è una gran bestia:
Cerca darti ogni molestia,
Gode a farti dispiacer.
Vieni a casa, andiam, t'invito:
Io sto qui mal volontier.

GRI. Non mi cangio, ho stabilito.
Di soffrire, e di tacer.

S C E N A   I V.

LISETTA e detti.

LIS. Bravo, signor fratello! La padrona
(*A Lesbino con ironia.*)
Sta confortando è vero? E il signor padre,
Che ama la cara figlia, acciò più grato
Di Lesbino il conforto a lei riesca,
Va a goder del giardin l'aria più fresca.

GRI. Orsù con più rispetto
Parla, come conviensi, in mia presenza,

LIS. Scusi per carità, scusi, Eccellenza.
(*Sempre con ironia*
M'era scordata in vero
Di parlar colla moglie del padrone.

je ne changerai point ; j'ai résolu de souffrir
et de me taire.

LES.   Ne vous obstinez pas à aimer qui vous
déteste ; il pourra vous arriver quelque chose
de pis. Je vous vois bien à plaindre ; songez
à changer de pensée.

GRI.   Ce qui plaît à mon mari doit me plaire.

JEA.   Ma chère fille, je te parle clair : ton mari
est un brutal ; il ne cherche qu'à t'humilier,
qu'à te faire de la peine. Reviens à la maison, je t'y invite ; je reste ici à contre cœur.

GRI.   Je ne changerai point ; j'ai résolu de souffrir et de me taire.

S C E N E   I V.

LISETTE et les précédens.

LIS.   FORT bien, monsieur mon frère. (à *Lesbin avec ironie.*) Vous consolez votre maîtresse n'est-ce pas ? et Monsieur son père qui
est fou de sa chère fille, la console encore
mieux, en respirant l'air frais du jardin.

GRI.   Plus de respect, je vous prie ; tâchez de
parler comme il convient en ma présence.

LIS.   (*Toujours avec ironie.*) Que votre excellence
daigne m'excuser. J'avais oublié, en vérité,
que je parlais à l'épouse de mon maître.

Ha ragione..... ha ragione..... Un' altra volta
Io porterò il compasso, giacchè vuole,
Ch' io misuri con lei le mie parole.

LES. Frasca, ti compatisco,
Perchè so, che il padron ti dà baldanza.

LIS. Il padron certamente,
Io non faccio per dir, ma mi vuol bene.
A ritrovar mi viene
Tre, quattro volte il dì. Men vado io stessa
A lui quando mi par. Ei mi confida.
I suoi segreti.... io so delle gran cose....
E se potessi dir... basta :... può darsi,
Che si veda alla fine
A calar giù la cresta alle galline.

A R I A.

La bontà del mio padrone
Mi fa qualche confidenza,
Perchè sa che all' occasione
So tacere, e usar prudenza ;
E quantunque gran signore,
Colla figlia del Fattore
Non si sdegna di scherzar.
Certe Dame, che son tali
Per un gioco di fortuna,
Colle misere mortali
Non si degnan di trattar.
Via, padrona, mi perdoni,
Si conforti col fratello :
Già discreto è il genitor.
Ancor io così bel bello
Col Marchese, ch' è cortese.
Andrò a star di buon umor.

(Parte.)

Vous avez raison...Vous avez raison...Un autre fois je porterai un compas, puisqu'il faut que je mesure mes paroles.

LES.   Insolente ! j'ai pitié de toi : c'est notre maître qui te donne cette hardiesse.

LIS.   Oui, notre maître me veut du bien ; ce n'est pas pour dire, mais il vient me voir trois ou quatre fois par jour, et je vais lui parler qnand je veux. Il me confie ses secrets... Je sais des grandes choses...et si je pouvais dire....Mais c'est assez. Il y aura bien des gens de surpris.

A I R.

Mon maître a la bonté de me faire quelques confidences , car il connait ma prudence et ma discrétion , quelque grand seigneur qu'il soit , il ne rougit pas de se divertir avec la fille de l'Intendant ; tandis que certaines dames, par hazard, ne daignent pas s'abaisser jusqu'aux misères humaines.

Pardonnez-moi, madame ; consolez-vous avec mon frère. Monsieur votre père est discret. Moi, je vais aussi de ce pas entretenir monsieur le marquis.

(Elle sort.)

S C E N A V.

GIANNUCOLE, GRISELDA, e LESBINO.

GIA.   Hai sentito colei! Non basta adunque,
Che il marito t'insulti, e ti maltratti,
Che devi in questa guisa
Per fin da una fraschetta esser derisa!
Oh !... In somma per finirla
So io quel che farò. Subito vado
A trovar il Marchese, e s'è contento,
Ti riconduco a casa in sul momento.
                            (*Parte.*)

GRI.   Ah ! no, padre, m'ascolta... oh me infelice !
Se v'ha donna; che al mondo
Tutto debba soffrir, io son pur quella,

LES.   Chi sa, che mia sorella
Non sia mandata a posta dal padrone
Per farvi un insolenza ?

GRI.   Basta non so che dir. Vi vuol pazienza.

LES.   Quasi, quasi direi, che il vostro sposo
Ve ne voglia far tante, sinchè abbiate
A morir di dolor. Giunger persino
A strapparvi dal sen la cara figlia
Per mandarla alle fiere?... Ah ! questa è una
Delle ingiurie più barbare, e inumane :
Ci vuole veramente un cor da cane.

GRI.   Eh ! taci. La natura a tal pensiero
Sento fremere ancor.

LES.   E un tal marito
Non vi fa orror? e l'odio d'una madre
In voi mai non contrasta. !...

GRI.   Ah ! Lesbino io son moglie, e tanto basta.

LES.   Orsù fate a mio modo. Ci vuol altro
Che massime sì antiche. Alla moderna

SCENE V.

JEANNOTIN, GRISEIS et LESBIN.

JEA. As-tu entendu cette insolente ! Ainsi ce n'est pas assez que ton mari t'insulte, te maltraite, tu dois être encore le jouet d'une impertinente ! Oh.....je sais bien ce que je ferai. Je vais trouver le marquis, et s'il y consent, je te reconduis sur le champ à la maison. (*Il sort.*)

GRI. Ah ! non, mon père... écoutez – moi..... Malheureuse ! s'il y a au monde une femme née pour souffrir, c'est bien moi.

LES. Qui sait si ma sœur n'a pas été envoyée tout exprès par le marquis, pour vous insulter.

GRI. Je ne sais que dire. Ayons de la patience.

LES. J'ai peur que l'intention de votre mari ne soit de vous faire, à force de mauvais traitemens, mourir de douleur. Comment ! oser vous arracher votre fille du sein pour l'envoyer aux bêtes feroces.....Ah ! c'est une des choses les plus barbares qu'on puisse faire : il faut véritablement avoir un cœur de tigre.

GRI. Ah ! tais-toi : Je sens la nature se révolter à cette idée.

LES. Un tel mari ne te fais pas horreur ? La haine d'une mère ne contraste pas dans ton cœur....

GRI. Ah ! Lesbin, je suis épouse, cela suffit.

LES. Faites selon ma manière de voir ; laissez-là vos antiques maximes ; pensez un peu à la

Mettetevi a pensar; e se il marito
Vi torna a maltrattare,
Mandatelo una volta a far squartare.

GRI. Come parli Lesbino?
Pensa che mio marito è il tuo padrone.

LES. Parlo perchè mi fate compassione.

(*Parte.*)

GRI. So che da molte donne
La sofferenza mia sarà derisa;
Ma penso in questa guisa,
Ma il mio dover adempio,
E dai costumi altrui non prendo esempio.

(*Parte.*)

S C E N A V I.

Luogo magnifico.

La DUCHESSA, il MARCHESE, GIANNU-
COLE, ed il CONTE.

DUC. VIA chetati, Giannucole. Il Marchese
Veggo, ch' è già disposto
A renderti la figlia.
GIA. Finalmente
Son poi da compatir: Se resta ancora
Griselda in questa casa,
Se il Marchese con lei non cangia stile,
Ella crepa d'affanno; ed io di bile.
MAR. Di che lagnar ti puoi? Le lascio forse
Qualche cosa mancar?
GIA. Non dico questo:
Ma a tutti è manifesto,
Che non l'amate più: che la trattate
Peggio che non si tratta una giumenta.

moderne, et si votre mari vous maltraite encore, traitez-le comme il le mérite.

GRI.   Comment oses-tu parler, Lesbin ? Oublie-tu que mon époux est ton maître ?

LES.   Je parle ainsi parce que vous me faites compassion.   (*il sort.*)

GRI.   Je sais que ma patience sera tournée en dérision par beaucoup d'autres femmes ; mais voilà comme je pense, et je remplirai mon devoir sans avoir égard à l'exemple des autres.   (*elle sort.*)

SCENE VI.

Salle magnifiquement ornée.

La DUCHESSE, le MARQUIS, JEANNOTIN et le COMTE.

LA D.   TAIS-TOI donc, Jeannotin. Je vois que le marquis est déjà disposé à te rendre sa fille.

JEA.   Je ne puis m'empêcher de la plaindre : si elle reste encore dans cette maison, et si le marquis ne change de manière, elle mourra de chagrin, et moi de la bile.

LE M.   De quoi peux-tu te plaindre ? Est-ce que je la laisse manquer de quelque chose ?

JEA.   Je ne dis pas cela ; mais chacun sait que vous la traitez de la plus indigne manière.

MAR.   Tu lagnar non ti puoi, s' ell' è contenta.
DUC.   Oh scusate, Marchese. Io poi non credo,
       Che possa contentarsi
       D'essere maltrattata.
MAR.   I miei disprezzi
       Soffre tranquilla, e mai non apre bocca.
DUC.   Questo dunque vuol dir, ch'ella è una sciocca.
GIA.   Sciocca mia figlia! V'ingannate. Ha sempre
       Avuto un gran talento... Io mi ricordo
       Che essendo ancor bambina... e poi che serve!
       Domandatene a lui.
DUC.   E' una villana.

(Un po' alterata)

GIA.   Certo che s'ella fosse una signora,
       Non avria tollerato sino ad ora.
DUC.   Se voi la ripudiaste....
MAR.   Io crederei,
       Che m'amerebbe ancora.
GIA.   L'ama, l'ama pur troppo in sua malora.
DUC.   Dunque siete felice !...

(Con ironia.)

MAR.   Io veramente
       Lo sarei più d'ogni altro,
       Se le portassi amore. Orsù sentite:
       Disposto a ripudiarla
       Son da gran tempo, e in questo dì mi voglio
       Appunto sollevar da quest' imbroglio.
       La sfratterò. Ma spero a questa prova,
       Che voi stessa m'avrete a confessare,
       Che un' egual moglie io non potea trovare.

A R I A.

Fedel, sincera, e docile
   Sempre col suo consorte;
Grave, ritrosa, ed umile
   A chi le fa la corte;
All' onte, e al mal sensibile,
   Ma ferma in sopportar.

LE M.   Tu ne dois pas te plaindre si elle est contente.

LA D.   Excusez-moi, monsieur le marquis ; je ne
puis croire qu'elle puisse être contente d'être
maltraitée.

LE M.   Elle souffre tranquillement mes mépris, et
elle n'ouvre jamais la bouche.

LA D.   Cela signifie tout simplement qu'elle est
une sotte.

JEA.   Ma fille une sotte! vous vous trompez.
Elle a toujours eu beaucoup d'esprit…. Je
me rappèle que n'étant encore qu'une enfant…. Mais à quoi cela sert-il ? demandez-
le lui.

LA D.   C'est une villageoise. (*avec un peu d'émotion.*)

JEA.   Certainement si elle était une grande
dame, elle n'aurait pas souffert tant de mauvais traitemens.

LA D.   Si vous la répudiez….

LE M.   Je croirais qu'elle m'aime encore.

JEA.   Elle ne vous aime que trop pour son malheur.

LA D.   Ainsi vous êtes heureux….. (*avec ironie.*)

LE M.   Je le serais plus que personne si j'avais de
l'amour pour elle. Or, donc, écoutez : Il y
a long-temps que je suis résolu à la répudier, et je veux me débarrasser aujourd'hui
de ce soin. Je lui signifierai ma volonté.
J'espère qu'après cette épreuve, vous con-
fesserez avec moi qu'il m'était impossible
de trouver une épouse d'un plus doux carac-
tère.

A I R.

Toujours fidèle, sincère et docile avec
avec son époux, elle est sage et retenue envers ceux qui lui font la cour : sensible à la
honte, elle supporte l'insulte avec courage.

Dove una moglie simile,
Dove si può trovar ?
Nemica dei maledici,
Sol del ritiro amante ;
Nella famiglia economa,
Ne' suoi dover costante,
Coi servi in casa affabile,
Modesta in conversar.
Dove una moglie simile,
Dove si può trovar ?
(Oh Dio ! Non so più fingere
L'amor che mi trasporta !)
Pur d'una moglie simile
Affè poco m'importa.
Al padre io voglio renderla,
La voglio ripudiar.
(Suora, io divento un barbaro
Per farti vergognar.)

(Parte.)

SCENA VII.

La DUCHESSA , e GIANNUCOLE ; indi il
CONTE , poi DORISTELLA.

DUC.   Va, buon vecchio, fa presto ; a venir teco
Sollecita la figlia. Mio fratello
Già lo consente : e se tu tardi ancora,
Si potrebbe cangiar. Sai ch' egli è strano,
E che nel suo voler mai non è saldo.

GIA.   Vado a batter il ferro infin che è caldo.

(Parte.)

DUC.   Dal modo, con cui parla di sua moglie,
Dubito, che il fratello
Non sia di lei per anco innamorato ;
Ma se ciò fosse ver, ei non l' avrebbe
Insino ad or sì maltrattata, e oppressa.

Où trouver jamais une semblable épouse ?

Ennemie de la médisance , elle ne se plait que dans la retraite : économe dans sa maison, attachée à ses devoirs, affable envers ses serviteurs, elle embellit tout par sa modestie. Où trouver jamais une semblable épouse ?

(O ciel! Je ne puis plus renfermer l'amour dont je suis embrâsé.) Au fond je me soucie peu d'une semblable épouse; je veux la rendre à son père ; je veux la répudier. (Oui, ma sœur, je deviendrai un barbare pour te couvrir de honte.) *Il sort.*

SCENE VII.

La DUCHESSE et JEANNOTIN ; ensuite le COMTE et DORISTELLE.

LA D. Va, bon vieillard, dépêche-toi; engage ta fille à te suivre. Mon frère y consent, et si tu tardais, il pourrait changer d'idée, tu sais qu'il est un peu singulier, et qu'il n'est guère constant dans sa volonté.

JEA. Je vais battre le fer tandis qu'il est chaud.
Il sort.

LA D. Dé la manière dont il en parle , je doute que mon frère n'aime encore sa femme ; cependant s'il l'aimait, l'aurait-il ainsi maltraitée jusqu'à ce moment ?

DOR. Vi son serva.
CON. M'inchino alla Duchessa.
DUC. Bravi, bravi, venite :
Vi voglio raccontar una gran cosa.
Sappiate, che Griselda. . . .
(*Con ironia.*)

La signora marchesa.... la cognata,
Quella moglie sì ornata
Delle virtù più belle,
Torna fra poco a pascolar le agnelle.
CON. Ma come !
DUC. Mio fratello ha risoluto
Oggi di ripudiarla.
DOR. (Oh poveretta !
Quanto mi fa pietà !)
CON. (Che stravaganza !
Ei la maltratta, e l'ama.)
DUC. Or farò ch'ei si sposi a qualche Dama.
Ditemi, Doristella,
Ce vi par del Marchese ?
CON. E perchè fate
A lei questa ricerca ?
DUC. Io gliel' l' ho fatta
Forse col mio perchè... basta... per ora
Non mi posso spiegar... Solo vorrei,
Che da questo ripudio non credeste
Mio fratel d'una testa o storta, o strana :
Alfin questa sua moglie è una villana.

A R I A.

Il suo core è assai ben fatto
Specialmente colle donne,
E si vede all' aria, al tratto,
Ch' egli è pieno di bontà;
E congiunto ad una Dama,
Che sia buona, e che sia bella
E' uno Sposo, Doristella,
Che più sempre amar saprà.
(*Parte.*)

(15)

DOR.   Votre servante.

Le C.   Je salue madame la duchesse.

La D.   Fort bien, venez tous deux : Je veux
vous apprendre une grande nouvelle. Sachez
que Griséis, (*avec ironie.*) madame la marquise, ma belle-sœur, cette femme ornée
des vertus les plus rares, va retourner dans
peu paître ses brebis.

Le C.   Comment !

La D.   Mon frère a résolu de la répudier aujour-
d'hui.

DOR.   (La pauvre malheureuse ! que je la
plains !)

LE C.   (Quelle extravagance ! il la maltraite et
l'aime.)

La D.   Je veux faire ensorte qu'il se marie à quelque dame. Dites-moi, Doristelle, que vous
semble du marquis ?

Le C.   Pourquoi lui faites-vous cette question ?

La D.   Je la lui fais peut-être avec raison... Suffit.... Je ne veux pas pour l'heure en dire
davantage... Seulement je voudrais que vous
ne crussiez pas, à cause que mon frère répudie sa femme, qu'il a une mauvaise tête;
car enfin sa femme n'était qu'une paysanne.

A I R.

Il a le cœur excellent, sur-tout envers les
femmes; on n'a qu'à le voir pour juger qu'il
est plein de bonté. Lorsqu'il sera à une
épouse belle et digne de lui, vous verrez,
Doristelle, que ce sera un mari toujours fidèle.   *Elle sort.*

SCENA VIII.

**Il CONTE, DORISTELLA, indi GRISELDA,
poi alcuni CAMERIERI.**

DOR.   Che dite, signor padre,
Del discorso, che ha fatto la Duchessa?

GRI.   M'inchino al signor Conte, e alla Contessa.
Griselda vostra serva... oh ciel? quel volto,
  (*Con sorpresa fissando gli occhi in Dor.*)
Quello sguardo... l'idea mi torna a mente
Della figlia infelice.... che bambina....
Ah! ch'io manco.
    (*Cade svenuta in bracchio al Conte.*)

CON.   Ella sviene.

DOR.   Oh poverina!

CON.   Servi olà, Camerieri....
        (*Verso la scena.*)

CON. DOR.   La povera Griselda è in accidente.
        (*Accorrono alcuni Camerieri a sostener
        Gris. e standole attorno cantano il se-
        guente.*)

CORO.

Poveretta la padrona
  Qui svenuta se ne sta.
  Così savia, così buona
  Quanto, oh Dio! mi fa pietà!

DOR   Ma si scote. Ma respira...

CON.   Apre gli occhi... il guardo gira.

CON. }
DOR. } Scaccia il duol, che ti molesta.

SCENE VIII.

**Le COMTE, DORISTELLE, ensuite GRISEIS
et quelques DOMESTIQUES.**

DOR. QUE dites-vous, mon père, du discours
que vient de nous tenir la duchesse ?

GRI. Je salue monsieur le comte et madame la
comtesse ; je suis Griséis pour vous servir....
O ciel ! quel visage... quels yeux ! (*Avec
surprise en fixant Doristelle.*) L'image de
ma fille infortunée se présente à mon esprit...
qui, encore enfant.... Ah! je perds l'usage
de mes sens. (*Elle tombe évanouie dans les
bras du comte.*)

LE C. Elle se trouve mal.

DOR. La malheureuse !

LE C. Hola ! quelqu'un !

LE C. } La pauvre Griséis est évanouie.
DOR.

(*Plusieurs domestiques accourent et sou-
tiennent Griseis ; ils restent autour d'elle
en chantant le chœur qui suit.*)

CHŒUR.

Notre pauvre maîtresse est là évanouie ! si
sage, si bonne ! ô combien elle me fait pitié.

DOR. Elle s'émeut.... elle respire...

LE C. Elle ouvre les yeux... Elle tourne ses re-
gards.

LE C. } Chasse la douleur qui t'accable.
DOR.

5

*Gris. sollevandosi a poco a poco, e
guardando intorno in atto di stupidità, con voce fioca, e adagio dice:*

Dove son !... cosa fu !... sogno... o son desta?

*Fissando di nuovo lo sguardo in Dor.
con tenerezza, e con dolore segue
a dire :*

ARIA.

Quello sguardo sì innocente,
  Quell' amabile sembianza
  Già richiama alla mia mente
  L'infelice rimembranza
  Della figlia, che dal seno
  Io mi vidi un dì strappar.

*(Sempre più agitata levando gli oc-
chi da Dor.)*

Ah ! d'affanno io vengo meno ,
  E la smania al cor ristretta
  Palpitar... mancar mi fa.

CORO.

Ah ! la smania al cor ristretta
  Palpitar, mancar la fa.

*(S'abbandona in braccio al Conte , poi
quasi consolata da interno presentimento,
segue a dire.*

Ma quel moto di contento,
Che destarsi in petto io sento ,
Par che dica... ti conforta...
La tua figlia non è morta...
L' hai presente... gira i lumi...
Guarda... mira... oh giusti Numi !
Quanto e folle il mio sperar !

ORI. (*Se levant peu à peu, et regardant autour d'elle avec stupeur, dit lentement et d'une voix forte.*) Où suis-je?... Qu'est-il arrivé?.. Est-ce un rêve... Suis-je éveillée? (*fixant de nouveau les yeux sur Doristelle, elle dit avec tendresse et douleur :*

A I R.

Ce regard plein d'innocence, cet air aimable, rappellent à mon âme l'image de ma fille que je vis un jour arracher de mes bras.

(*Toujours plus agitée et cessant de regarder Doristelle.*)

Ah! je succombe à ma douleur; mon cœur palpite d'effroi; je me sens mourir.

C H Œ U R.

Son cœur palpite d'effroi; elle se sent mourir.

(*Elle se laisse tomber dans les bras du comte; ensuite, comme consolée par un pressentiment intérieur, elle dit :*

Quel mouvement de joie vient naître dans mon sein! Il me semble entendre une voix me dire : Console-toi; ta fille n'est pas morte... Elle est devant toi... Tourne les yeux.... regarde... considère... Ah! juste ciel! que mon espérance est vaine.

CORO.

Guarda... mira... oh giusti Numi!
Par che torni a delirar!

(*Mentre sta quasi per abbracciar Doristella
nel suo trasporto, s'accorge del suo inganno, e di nuovo s'abbandona in braccio
ai Camerieri. Dopo qualche momento, ter-
minata l'uria fa cenno a questi di partire.*)

CON.   Su, Griselda, coraggio. Finalmente
Se un po' strano è il Marchese...

GRI.   Io di lui non mi dolgo : ei non m'offese.

DOR.   (Che virtù!... che bontà!...)

SCENA IX.

GIANNUCOLE, e detti.

GIA.   Dov'è la figlia? Appunto... eccola quà.
Ma che vuol dir, che sei sì smorta in viso?

DOR.   Fu presa da un deliquio all'improvviso.

GIA.   Ah! se il so, se lo dico,
Che trovi ad ogni passo un qualche intrico.
Orsù bada, e risolvi
Di far a modo mio. Da tuo marito
Di ricondurti a casa
Ottenni in questo punto la licenza.

GRI.   (Oimè che sento!) ebben, vi vuol pazienza.

GIA.   Che dici?

GRI.   Ubbidirò, se dal marito
Mi sarà d'ubbidirvi comandato.

CHŒUR.

Regarde... considère... Ah! juste ciel! Il
semble qu'elle perd la raison.

Au moment où elle est toute prête à em-
brasser Doristelle, elle s'aperçoit de
son erreur, et tombe dans les bras
de ses serviteurs. Après quelques mo-
mens de silence, elle fait signe à ceux-
ci de partir.

LE C. Allons, Griséis, un peu de courage. Enfin, si le marquis est un peu singulier....

GRI. Je ne me plains pas de lui : il ne m'a point
offensée.

DOR. (Quelle vertu !.... quelle bonté !...)

SCENE IX.

JEANNOTIN et les précédens.

JEA. Ou est ma fille ? Précisément la voilà.
Mais que signifie la pâleur de ton visage ?

DOR. Elle est tombée dans une faiblesse subite.

JEA. Ah! je le sais bien ; je lui ai toujours dit ;
elle trouve, à chaque pas, de nouveaux
motifs de chagrin. Or, donc, écoute-moi,
et pense à faire à ma volonté. Je viens d'obtenir de ton mari la liberté de te conduire à
notre cabane.

GRI. (Ciel? qu'entends-je ?) Hé bien, ayons
de la patience.

JEA. Qu'en dis-tu ?

ORI. J'obéirai, lorsque mon époux m'aura
commandé d'obéir.

CON. (Oh che moglie dabben!)
DOR. (Che sposo ingrato!)
GIA.   Sì, sì: te lo dirà. Sta allegra, o figlia,
    Scaccia l'affanno, e fa passar la rabbia,
    Che presto presto sarem fuor di gabbia.
    Se qui m'aspetti intanto, io me ne vado
    A trarmi quest' imbrogli,
    Che mi pesan sul capo, e su la schiena.
    Un po' d' aria serena...
    Un pò di libertà... La mia capanna...
    L'ovile... l'orticel... quelle... sì... quelle
    Sono vere delizie; e a mio parere
    Val più una pecorella,
    Un montone, due capre, e tu con esse,
    Che dodici Marchesi, e sei Contesse.

ARIA.

Alla natia capanna
Meco ritorna, o figlia:
Questa crudel famiglia
Mandala a far squartar.
Come! Tu piangi! Ah sciocca!
Il fuso, oppur la rocca
Ti spiace a maneggiar?
Eh vieni, non far scene:
Tuo padre ti vuol bene,
Ti farà allegra star.
Vedrai le pecorelle,
Che ti verranno intorno;
Le capre, le vitelle
Ti porgeranno il corno.
Vedrai nei bei boschetti
I grilli, gli augelletti
Saltare, e svolazzar.
Via taci : che vergogna!...
Io poi colla zampogna
Suonando la biondina,
Qualche altra contadina
Con te farò ballar.

                                              (part.)

(19)

ʟᴇ ᴄ.   (O quelle femme vertueuse!)

ᴅᴏʀ.   (Quel époux ingrat.)

ᴊᴇᴀ·   Oui, oui, il te le dira. Rappelle ta gaîté,
ma fille : chasse le chagrin, et songe que
dans un instant nous serons hors de prison.
Si tu veux m'attendre un peu, je vais me débarrasser de tout cet attirail qui me pèse sur
la tête et sur les épaules. Un peu d'air pur...
un peu de liberté... ma cabane.. le petit troupeau... le jardin... Voilà, oui voilà les véritables biens. Il vaut mieux, selon moi, une
petite brebis, un mouton, deux chèvres, et
toi avec tout cela, que douze marquis et six
comtesses.

A I R.

O ma fille ! retourne avec moi à la cabane
où tu es née, et laisse à jamais cette triste
famille. Comment tu pleures? Ah, sotte !
tu méprises la quenouille et le fuseau.

Viens, ne te donne point en spectacle :
ton père aura soin de ton bonheur. Tu verras autour de toi tes douces brebis, et les
chevreaux bondissans qui te réjouiront de
leurs yeux.

Tu verras dans les boccages les petits oiseaux voltiger ; tu entendras les cris du gril-
lon. Allons, sèche tes pleurs; quelle honte...
Ensuite je jouerai un air de musette, et je
te ferai danser avec quelqu'autre villageoise.

(Il sort.)

SCENA X.

GRISELDA, il CONTE, DORISTELLA;
indi LESBINO.

CON. GRISELDA, è tempo adesso
D'una maggior virtù. Sostieni in pace
Quelle prove, che il cielo
Vuol far con te.
DOR. Ma queste prove, o padre,
Son poi troppo crudeli.
GRI. Io v'assicuro,
Che ho il core alle disgrazie rassegnato:
Ma uno sposo, ch' ho amato
Più dell'anima mia,... lasciarlo... forse...
Per non più rivederlo... ah! questo al certo
E' il colpo più crudel, che abbia sofferto.

FINALE.

Il voler del mio consorte
Rendea care a me le pene;
Ma il lasciarlo... oh Dio! qual bene
Più il mio cor sperar potrà?
DOR. (Il suo affanno, ed il suo pianto
Mi fa piangere con lei.)
CON. Disperar tu non ti dei:
V'è nel cielo alfin pietà.
GRI. Spero ben, che la sua moglie
Egli un dì conoscerà.
CON.   a 2. { Via fa cor. Quant' or ti toglie,
DOR.   { Forse un dì ti renderà.
LES. Di far la disinvolta,
Griselda, è tempo adesso.
Già la catena è sciolta
Dal vostro sposo istesso.

SCENE X.

**GRISEIS, le COMTE, DORISTELLE ;
ensuite LESBIN.**

LE C. Griséis, il est temps de déployer toute ta vertu. Soutiens avec courage l'épreuve où le ciel va te mettre.

DOR. Ah ! ces épreuves sont aussi trop cruelles.

GRI. Je vous assure que mon cœur est prêt à supporter toutes les disgraces. Mais laisser un époux que j'ai aimé plus que ma vie..... Peut-être pour ne plus le revoir... C'est le coup le plus cruel que j'aie encore enduré.

FINALE.

La volonté de mon époux me rendait mes peines légères ; mais le quitter... Ah ! quel bonheur me reste-t-il à espérer ?

DOR. (Son chagrin m'attendrit ; je suis prête à pleurer avec elle.)

LE C. Tu ne dois pas perdre toute espérance ; le ciel s'adoucira.

GRI. Je me flatte qu'il connaîtra son épouse.

LE C.
DOR. à 2.{ Prends courage : peut-être il te rendra un jour ce qu'il t'enlève aujourd'hui.

LES. Il est temps, Griséis de prendre votre parti. Votre époux lui-même rompt votre

6

Ei nel giardin vi chiama :
Se mai da se vi scaccia,
Sopra Lesbin , che v'ama,
Che il vostro ben procaccia,
Potete assai cantar.

GRI.   Che un pegno così ingrato
DOR. a 2.
CON.   Ei renda alla $\begin{matrix}\text{sua}\\\text{mia}\end{matrix}$ fede !

LES.   Quel ben , che si possiede ,
      Meno si suol stimar.
GRI.   Coraggio alfin. Si vada.
       (*Dopo un po' di contrasto.*)
LES.   Verrà con voi Lesbino.

  a 2. Si fiero è il $\begin{matrix}\text{mio}\\\text{suo}\end{matrix}$ destino ,
      Che omai si dee cangiar.
         (*Partono.*)

S C E N A X I.

Giardino come sopra.

LISETTA , e la **DUCHESSA** ; indi **GIANNU-COLE** vestito da pastore.

LIS.   Oh ! che sento ? Il marito alla moglie
    Dunque adesso lo sfratto destina ?
    Se la dama diventa pedina ,
    Io per bacco mi vo' divertir.
DUC.   D'ogni moglie fan pena le doglie
    A chi ha il core ben fatto , e gentile :
    Ma le altiere mi movon la bile
    Ma le sciocche non so compatir.
LIS.   Dunque sfratto ?
DUC.   Il Marchese non ciarla.

chaîne. Il vous appelle au jardin. S'il vous renvoie aujourd'hui d'auprès de sa personne, vous pouvez compter sur Lesbin, qui vous aime et qui desire votre bonheur.

GRI.
DOR. à 3. { Quel prix le cruel accorde à ma sa foi.
LE C.

LES. Plus le bien que l'on possède est grand, moins on sait l'estimer.

GRI. Prenons courage; allons. (*après un peu d'incertitude.*)

LES. Lesbin ira avec vous.

à 2. { Quel destin cruel! Changera-t-il un jour?
(*Ils sortent.*)

S C E N E   X I.

Le jardin.

LISETTE et la **DUCHESSE**; ensuite **JEANNO-TIN**, vêtu en paysan.

LIS. Oh! Qu'entends-je? Voilà donc le mari qui renvoie sa femme? La marquise va devenir une paysanne; cela me réjouit beaucoup.

LA D. Les chagrins des femmes font toujours de la peine à ceux qui ont le cœur bien fait: mais les femmes altières me rencontrent sans pitié.

LIS. Il la renvoie?

LA D. Le marquis ne badine pas.

a 2. {
Or la Dama che cosa farà?
Senza cresta tra poco a mirarla
Oh ! davvero da rider sarà.

GIA. La guaracca, che affoga, che stracca,
Grazie al ciel, più crepar non mi fa,
Or contento son come un giumento,
Che la soma più indosso non ha.
LIS. Bravo, bravo, davvero stai bene !
DUC. Quel vestito al tuo volto conviene.
GIA. Se ti piaccio, Lisetta mia cara,
Dite adesso mi posso sdegnar.
Al tugurio t'invito, t'aspetto.
Che risolvi ?
LIS. Che caro vecchietto !

LIS.
GIA. a 3. {
DUC.
Ho
Ha un amore, che fa rallegrar.

SCENA XII.

Il MARCHESE, e detti,

MAR. Griselda ancor non viene?
Che fa? chi la trattiene?
Tanto ad un mio comando
Non si dovria tardar.
GIA. Verrà... verrà, signore.
Non sarà poi lontana.

LIS.
DUC. a 2. {
Alfine è una villana,
L'avete da scusar.

GIA. Ecco che appunto adesso
Sen vien cogli altri appresso.
(Tutti guardando verso la scena, d'onde esce Gris.)

à 2. { Que va faire cette dame ? Elle va bien se faire moquer d'elle en se montrant sans ses atours.

JEA. Graces au ciel, ma longue robe ne me gêne plus, ne me fait plus étouffer de chaud : Je suis aussi content que le mulet qui ne sent plus la charge sur le dos.

LIS. Fort bien, te voilà fort bien.

LA D. Cet habit va à l'air de ton visage.

JEA. Si je te plais, ma chère Lisette, je veux bien te faire la grâce de t'épouser. Je t'invite à venir dans ma cabane ; je t'y attends. Que résonds-tu ?

LIS. Quel cher petit vieillard !

JEA. { J'ai
LIS. {   un amour qui fait plaisir.
LA D. { Il a

SCENE XII.

Le MARQUIS et les précédens.

LE M. Griseis ne vient pas encore ? Que fait-elle ? qui la retient ? Devrait-elle tant tarder à venir quand je la demande ?

JEA. Elle viendra..... Elle viendra, monsieur. Elle n'est pas loin.

LIS. { à 2. { Comme c'est une paysanne, il faut
LA D. {   { l'excuser.

JEA. La voici qui vient, accompagnée par tout le monde.

(*Tous en regardant du côté par où vient Griseis.*)

a 4. {
Si legge ad essa in volto
Del cor l'acerba pena:
Sembra, che forza appena
Ell' abbia a camminar.

S C E N A X I I I.

GRISELDA, DORISTELLA, GIANNUCOLE, LESBINO, e detti.

GRI. Il mio sposo mi domanda?
  (Dopo molto contrasto presentandosi al
   Mar. con umiltà, e compostezza.)
  Che comanda il mio signor?

GRI. a 2. {Dalla smania acerba, estrema
MAR. {Già mi trema in petto il cor.

MAR. Dimmi un poco, ov'è la dote,
    (Componendosi con gravità.)
  Che portasti in questa casa?
GRI. La mia dote è a voi rimasa.
MAR. Ma qual era?
GRI. Era il mio cor.
  (Con la maggior espressione di tenerez-
   za, e d'afflizione.)

Tutti, eccetto Lisetta e la Duchessa.

  Ella parla veramente
  Il linguaggio dell' amor.

DUC. a 2. {E' una sciocca, già si sente:
LIS. {Così parla per timor.
  (Mar. due camerieri recano alcuni abiti
   rustici, che portava Griselda quand'
   era pastorella.

MAR. Conosci tu quei panni!

à 4. { On lit sur son visage l'expression de la
plus amère douleur : Il semble qu'elle n'ait
pas la force de cheminer.

SCENE XIII.

GRISEIS , DORISTELLE , JEANNOTIN ,
LESBIN , et les précédens.

GRI.

MON époux me demande ? (*Après
beaucoup de contrainte, elle se présente au
marquis d'un air humble et soumis.* Que commande mon seigneur ?

GRI.
LE M. à 2. { Déjà mon cœur palpite ; j'éprouve
la plus vive douleur.

LE M. (*D'un air composé et grave.*) Dis—moi un
peu : où est la dot que tu as apportée dans
cette maison ?

GRI. Cette dot vous est restée.

LE M. Quelle était—elle ?

GRI. (*Avec l'expression la plus vraie de tendresse et d'affliction.*) C'était mon cœur.

Tous , excepté Lisette et la Duchesse.

Elle parle vraiment le langage de l'amour.

A D.
LIS. à 2. { C'est une imbécile, on le voit bien :
elle ne parle ainsi que par crainte.

*A un signe du marquis , deux domestiques
portent les habits rustiques que Griséis
avait lorsqu'elle n'était qu'une paysanne.*)

LE M. Connais-tu ces vêtemens ?

GRI.   Quest' è la mia gonnella.

MAR.   Tutta la dote è quella ;
Io te la rendo ancor.
Tu rendi à me quegli abiti.

GRI.   Vado a spogliarmi subito.

MAR.   Spogliati qui sul fatto :
Non sei più mia, ti sfratto.

TUTTI   Soverchio è il suo rigor.

LIS.   Deh! padrone, perdonate :
Cosa mai le comandate ;
Obbligarla che si svesta
Sì pudica, sì modesta
Qui su gli occhi di noi tutti...
Mi par troppa crudeltà.

GIA.   Ch'ella in faccia a tanta gente
Sì dispogli ?.. bagatelle !
Che credete sia di quelle,
Che perduto hanno il pudore?
No signore, no signore....
Non va bene, non conviene
Al pudore, e all' onestà.

CON.
DOR. à 3. {   Deh! non siate sì crudele!
GIA.

DUC.
LIS. à 2. } Da tal cosa io vi sconsiglio.

(*Tutti ecceto la duc., e Lis.*)

Ho le lagrime sul ciglio,
Mosso ho il core da pietà.

DUC.
LIS. à 2. { Ha le lagrime sul ciglio,   *osservado.*
         { Par commosso da pietà.   *il Mar.*

MAR.   Vanne pure, io tel concedo.
A spogliarti via di quà.

GRI.   Signor mio, di più non chiedo,
Salva è almen la mia onestà.

GRI.   Ce sont les miens.

LE M.   C'est toute ta dot : je te la rends ; tu me rendras les habits que tu portes.

GRI.   Je vais les quitter sur-le-champ.

LE M.   Quitte-les sur-le-champ. Tu n'es plus à moi : je te répudie.

TOUS.   Quelle rigueur !

LIS.   Hélas ! mon cher maître, Pardonnez-lui. Que lui commandez-vous ? Vous voulez, si pudique et si modeste, qu'elle se déshabille aux yeux de nous tous. C'est une trop grande cruauté.

JEA.   Qu'elle se dépouille devant tant de monde.... Croyez-vous donc qu'elle soit du nombre de celles qui ont perdu toute pudeur ? Non, monsieur, cela ne se peut pas : l'honnêteté, la décence s'y opposent.

LE C.
DOR. à 3. { Hélas ! ne soyez pas si cruel.
JEA.

LA D. à 2. { Je ne vous conseille pas cela.
LIS.

Tous, excepté la duchesse et Lisette.

J'ai les yeux baignés de larmes ; mon cœur s'émeut de pitié.

LAD. à 2. { *En observant le marquis.* Il a les yeux baignés de larmes ; il par.. ému de pitié.
LIS.

LE M.   Va donc, je te le permets, quitter tes habits hors d'ici.

GRI.   Je n'en demande pas davantage : ma vertu est à l'abri de l'outrage.

7

In atto di partire s'incamina con suo padre :
poi voltandosi, e vedendo il Marchese,
corre con trasporto per inginocchiarsi. Il
Marchese nol consente, e la fa alzare in
aria d' estrema compassione.

Ora udite i sensi estremi
Di chi umile a voi si prostra :
Se Griselda un dì fu vostra,
Vostra sempre ancor sarà.

(Tutti eccetto la duchessa, e Lisetta.)

Oh che sensi generosi !
MAR.   Or che dice mia sorella ?
(in atto di chi non può più contenersi.)
DUC.   Maliziosa è la favella
Per destarvi un pentimento.

(Tutti eccetto la Duchessa, è Lisetta.)

Che mai dice? Che mai sento?
O che gran caparbietà !

T U T T I.

Questo silenzio appieno
Discopre, e manifesta
L' alma agitata in seno
A questo, a quello, a questa
D' orrore, e di pietà.
Ma come un scoglio all' onde,
Come una quercia al vento,
Al duol non si confonde,
Non placasi al lamento
Quella superba femina
Priva d'umanità.

DUC. à 2. { Quest' alma, che implacabile
LIS.   { Contro di lei sarà.

Fine dell' Atto primo.

D'abord elle s'achemine pour partir avec son père ; ensuite se tournant et voyant le marquis, elle court avec transport se jeter à ses genoux. Le marquis ne le souffre point, mais il la relève avec beaucoup de compassion.

Ecoutez maintenant l'expression des derniers sentimens de celle qui se prosterne humblement à vos pieds : Si Griséis eût un jour le bonheur de vous appartenir, elle n'appartiendra jamais qu'à vous.

Oh ! quels sentimens généreux !

Tous, excepté la duchesse et Lisette.

LE M.   Que dites-vous, ma sœur ?

LA D.   Ce discours n'est pas mal-adroit pour vous arracher un repentir.

Tous, excepté la duchesse et Lisette.

Que dire ? que faire ? Oh ! quel entêtement ridicule.

T O U S.

Ce silence fait connaître combien chacun a l'ame remplie d'horreur et de pitié.

Mais, comme un écueil inaccessible à l'onde, comme un chêne qui résiste à l'effort des vents, cette femme orgueilleuse ne se laisse point émouvoir ni par les plaintes ni par l'aspect du malheur.

LA D. à 2: { Mon ame implacable lui sera tou-
LIS.   { jours contraire.

Fin du premier Acte.

ATTO SECONDO.

SCENA PRIMA.

Camera ad uso di Galleria, come nell'
Atto primo.

Il MARCHESE pensieroso, la DUCHESSA, il
CONTE, LISETTA, e dietro al MARCHESE
alcuni camerieri, che cantano il.

CORO.

Or che sciolto e il primo nodo,
  Giacchè eredi non avete,
Deh! padrone risolvete
Di tornarvi a maritar,

DUC. Chi vi serve, e chi vi stima,
Vel domanda, e vel consiglia.
Così nobile famiglia
Dunque estinta ha da restar?

CON. (Con l'amore per Griselda,
Col puntiglio per la suora
La sua mente incerta ancora
Si sta forse a contrastar.)

LIS. (Dalla figlia d' un pastore
Alla figlia d' un fattore
C' è poi qualche differenza;
E chi sa?...) Forti, eccellenza,
Cosa 'state ora a pensar?

MAR. La fatal catena è sciolta,
E volete un' altra volta,
Ch' io mi torni a incatenar!
Questo!... questo mi chiedete?

ACTE SECOND.

SCÈNE PREMIÈRE.

Une salle servant de galerie, comme dans l'Acte premier.

LE MARQUIS, pensif, LA DUCHESSE, LE COMTE, LISETTE, et, derrière le marquis, quelques serviteurs chantant le chœur suivant.

CHŒUR.

MAINTENANT que vos liens sont rompus, et que vous vous trouvez sans héritiers, ah ! résolvez-vous, seigneur, à former un autre hyménée.

LA DUC. Tous ceux qui vous servent, tous ceux qui vous estiment vous le demandent, vous le conseillent; ne laissez pas éteindre une aussi noble famille.

LE COM. (L'amour de Griséis d'un côté, la contrariété qu'il éprouve de sa sœur, de l'autre, le tiennent dans l'incertitude.)

LIS. (Il y a bien peu de différence de la fille d'un paysan à celle d'un intendant; et qui sait...) Prenez courage, excellence, à quelle chose pensez-vous ?

LE MARQ. J'ai rompu la fatale chaîne qui me liait, et vous voulez que je prenne d'autres fers ! vous pouvez... vous osez me demander cela ?

B

C O R O.

Deh ! padrone, risolvete,
(Il Marchese dopo un po' di riflessione.)
Sì, vi voglio contentar.

MAR.   Sorella, amici, il matrimonio è un giogo,
Che finor mi pesò. Difficil cosa
Fia scegliere una sposa,
Che al pari di Griselda
Mel possa alleggerir. Più buona moglie
Per me, per voi, lo dico, e lo sostento
E' impossibil trovarla in mezzo a cento.

DUC.   Più di ciò non si parli. Ora dobbiamo
Pensar di ritrovargli
Una Dama a suo genio...

LIS.   Oh !... Dama ?... Alfine
Non ci son, che le Dame,
Che possano adattarsi alle sue brame ?

CON.   Se non avesse a prendere una Dama,
Io direi, che facea
Assai meglio a tener quella che avea.

LIS.   Che caro signor Conte !...
Con quella flemma ?.. ho inteso...
Egli ha una figlia,
Non è vero ?.. Cospetto !.. è sopraffino.
Mi dica in grazia : ha in tasca l'acciarino ?

CON.   Come parli, insolente ?

MAR.   E ci badate ?
Ella è avvezza a scherzar. Quest' è una giovine
D'un umor, d' uno spirito,
Che mi diverte assai. Senti, Lisetta.
         a Lisetta in disparte:
Io ti dono le spoglie,
Che poc' anzi deposte ha l'altra moglie;
Ma però con un patto,

LIS.   (Per bacco egli mi sposa : il colpo è fatto.)
Dite pur.

MAR.   Vo' bentosto,
Che te le metta indosso.

DUC.   (Sta un po' a veder.) *in disparte al Conte.*

CHŒUR.

Ah ! seigneur, résolvez-vous.

LE MARQ. (Après un peu de réflexion.) Eh bien, je vous satisferai. Ma sœur, mes amis, le mariage est un joug qui m'a long-tems pesé. Il est difficile de trouver une épouse qui, semblable à Griséis, me le puisse alléger : je vous le dis, je ne crois point possible de trouver, entre cent femmes, une qui la vaille pour vous et pour moi.

LA DUC. Ne parlons plus de cela. Pensons à trouver une épouse digne de vous, et noble.

LIS. Oh !... noble... enfin n'y aurait-il qu'une épouse noble qui pourrait lui convenir ?

LE COM. S'il ne voulait point prendre une épouse noble, il aurait mieux fait de garder celle qu'il avait.

LIS. Quel bon seigneur que M. le comte... Avec quel flegme... j'entends... Il a une fille, n'est-ce pas ?... diable!... il est très-fin. Mais dites-moi en grace : avez-vous le briquet dans la poche pour faire prendre feu ?

LE COM. Comment oses-tu parler, insolente ?

LE MARQ. Vous y prenez garde ? elle est accoutumée à plaisanter : c'est une jeune fille d'une humeur joviale, qui me divertit assez. Ecoute, Lisette (*à part à Lisette.*), je te donne les vêtemens que mon épouse vient de quitter, mais à une condition.

LIS. (Sur ma foi, il m'épousera : le trait est porté) dites seulement.

LE MARQ. Je veux que tu les mettes sur-le-champ.

LA DUC. (*à part, au comte.*) Voyez un peu.

CON.   (Soffrir costei non posso.)
LIS.   Ma perchè ho da far questo ?
MAR.   Io vo' vedere ,
        Se stai mal, se stai bene...
LIS.   Vado , vado.
        In meno di mezz'ora
        In me vedrete un' aria da signora. *parte.*

SCENA II.

LA DUCHESSA, IL CONTE, E IL MARCHESSE.

DUC.   MA, fratello : scusate : io non vorrei...
        Con questi vostri scherzi...
MAR.   Orsù : sentite :
        Ho scelta già la sposa.
        Ma che resti fra noi. Solo vi manca
        Conte, il tuo assenso.
CON.   Il mio ?
MAR.   Sì : già son certo
        Di quel della sorella.
DUC.   Ho capito. La sposa è Doristella.
MAR.   Appunte.
CON.   (Oh che bel colpo !)
MAR.   Ma sentite.
        Non dite nulla. Io voglio in questa sera
        Far allestir le nozze, e ogn' altra cosa.
        Vo' però che la sposa
        Non sia nota a nessun sino al momento
        Di dare a lei la man.
DUC.   Non dubitate.
        Son donna, ma per altro
        So tacer qualche volta... or voi che dite,
        Mio caro Conte ?
CON.   E che ho da dir ? Non posso
        Ricusar quest' onor.
DUC.   Oh che contento !
        Fuor di me stessa a transportar mi sento.
                        partono tutti.

LE COM.   (Je ne puis pas la souffrir.)
LIS.   Pourquoi faire?
LE MARQ.   Je veux voir s'ils t'iront bien ou mal...
LIS.   J'y vais, j'y vais ; en moins d'une demi-heure vous me verrez avec un air de dame comme il faut.

(*Elle sort.*)

SCÈNE II.

LA DUCHESSE, LE COMTE, LE MARQUIS.

LA DUC.   Mon frère, excusez-moi, je ne voudrais pas qu'avec ces plaisanteries...
LE MARQ.   Ecoutez-moi. J'ai déjà choisi mon épouse ; mais que cela reste entre nous. Il ne me manque, cher comte, que ton consentement.
LE COM.   Mon consentement ?
LE MARQ.   Oui ; je suis certain d'avance de celui de ma sœur.
LA DUC.   J'entends. L'épouse choisie est Doristelle.
LE MARQ.   Précisément.
LE COM.   (Oh ! le beau coup !)
LE MARQ.   Mais songez de ne le dire à qui que ce soit. Je veux que, ce soir, tout soit préparé pour les noces, et que mon épouse ne soit connue de personne, qu'au moment où je lui donnerai la main.
LA DUC.   Ne craignez rien. Je suis femme, mais pourtant je sais me taire. Qu'en dites-vous, mon cher comte ?
LE COM.   Qu'en puis-je dire ? je ne saurais refuser tant d'honneur.
LA DUC.   Oh ! que je suis contente ! Je me sens transportée de joie.

(*Ils sortent tous.*)

SCENA III.

Campagna sparsa di tuguri pastorali. In prospetto
alcune colline praticabili, e sovra di esse alcune
pecorelle, che stanno pascolando. A destra una
capanna praticabile colla porta aperta; a sinistra
un sasso, od un tronco d'albero da potervisi seder
sopra.

GRISELDA vestita da pastorella seduta sulla porta
della sua capanna, che sta lavorando alla rocca;
GIANNUCOLE seduto sul sasso suonando la zampogna, ed anche la citharra.

DUETTO.

GRIS. L'AUGEL che sta sul nido
Presso la sua compagna,
Quel pecorin che fido
Sempre va dietro all' agna,
Sembra che in lor favella
Vadan dicendo a me:
Griselda meschinella,
Noi siam d' invidia a te.

GIAN. Mangiar quand' ho appetito...
Dormir quand' ho il prurito...
Grattarmi quando ho voglia
Con libertà la zucca
Senza quella, ch' imbroglia
Sì incomoda parruca...
Lontan dalle persone,
Che dànno soggezione...
Senza i sospetti in testa.
Ch' hanno le Corti in se...
No, figlia mia, di questa
Vita miglior non v' è.

GRIS. Priva del caro sposo
No più non ho riposo:
Solo il pensier mi resta,
Ch' io non mancai di fè.

SCÈNE III.

Une campagne couverte çà et là de chaumières de pasteurs. Au fond de la scène, plusieurs collines praticables, avec des troupeaux qui paissent. A droite, une cabane dont la porte est ouverte ; à gauche, un rocher et un tronc d'arbre sur lequel on peut s'asseoir.

GRISÉIS , vêtue en bergère, assisse sur la porte de la cabane, travaillant à la quenouille ; JEAN-NOTIN, assis sur le rocher, jouant de la musette, et par fois de la guitare.

D u o.

GRIS. L'OISEAU qui reste dans le nid auprès de sa compagne, le bélier qui suit la douce brebis, semblent me dire dans leur langage : Ah ! malheureuse Griséis, nous sommes des objets d'envie pour toi.

JEAN. Manger lorsque j'ai faim ; dormir quand l'envie m'en prend ; me gratter quand je me démange, voilà les véritables biens. Il n'est rien d'agréable sans liberté. Loin des personnes qui me tenaient sous le joug, sans soucis, sans embarras, ah ! ma fille, il n'est pas de bonheur au-dessus de celui-là.

GRIS. Privée de mon cher époux, je ne puis goûter aucun repos ; la seule consolation qui me reste c'est de lui avoir été fidelle.

GIAN.	No, figlia mia di questa
	Vita miglior non v' è.
	L' ombra che a' piè del monte a poco a poco
	Si fa maggior, Griselda, è chiaro indizio,
	Che la sera s' avanza a precipizio.
	Va a preparar la cena. Oh! le cipolle
	Son migliori d' un cibo il più squisito,
	Quando c' è la concordia, e l' appetito.
GRIS.	Vado; ma parmi ancora
	Alla luce del sol troppo buon' ora.
GIAN.	Eh t' inganni. E' perchè da molto tempo
	Sei usa in giorno a convertir la notte.
	Non vedi dalle grotte
	Scendere i capri? osserva con le agnelle
	Tornar tutte all' ovil le pecorelle.
	Si vedono dalla collina alcune pastorelle,
	che discendono lentamente , e le pecore,
	che si vanno disperdendo. Griselda osser-
	vando le pastorelle sospira , poi dice :
GRIS.	Oh fortuna! a casa
	Esse han lo sposo almen che le conforta.
GIAN.	Figlia, sta allegra, andiam; chiudi la porta.
	Entra nella capanna , e Gris. chiude
	la porta.

S C E N A   IV.

LESBINO, indi **GIANNUCOLE**, poi
GRISELDA.

C A V A T I N A.

A lei che adoro
Mi guida amore:
Sento che il core
Sperar mi fa.
Adesso è libera ,
Potrò spiegarmi ;
Voglio provarmi :

JEAN. Non, ma fille, il n'est pas de bonheur au-dessus de celui-là.

L'ombre qui est aux pieds des montagnes s'augmente peu-à-peu ; Griséis, c'est la preuve que la soirée va finir. Va préparer à souper. Les mets les plus simples sont les meilleurs quand ils sont assaisonnés de la paix et de l'appétit.

GRIS. J'y vais; mais pourtant il me semble, à la lumière du soleil, qu'il est encore trop à bonne heure.

JEAN. Va, tu te trompes. Tu es accoutumée depuis long-tems à faire de la nuit le jour. Ne vois-tu pas descendre les chèvres des rochers ? regarde tous les troupeaux qui retournent au bercail.

On voit descendre plusieurs bergères du haut de la colline avec leurs troupeaux, qui se dispersent. Griseïs, en les observant, soupire et dit :

GRIS. Elles sont heureuses! elles vont trouver un époux qui les consolera de leurs fatigues

JEAN. Allons, ma fille, de la joie! allons, et ferme la porte. (*Il entre dans la cabane, et Griséïs ferme la porte.*)

SCÈNE IV.

LESBIN, ensuite JEANNOTIN et GRISÉIS.

CAVATINE.

LES. L'AMOUR me conduit vers celle que j'adore : l'espérance luit dans mon cœur. Maintenant qu'elle est libre, je puis m'expliquer : elle va connaître toute l'étendue de mon amour.

9

(31)
Così il mio amore
Conoscerà.
Giannucole, Giannucole, vien fuora.
                    picchiando alla capanna.
GIAN. Chi viene a disturbarmi in sua malora?
LES.   Son io.   *nell' aprir la porta.*
GIAN. Ah tu, Lesbin? Vedi... cenando
Si sta la mia Griselda... poverina!
LES.   Et come se la passa?
GIAN. Ah taci, taci...
Non ti so dir: sospira, a quando a quando
Le cascano le lagrime... Davvero
Mi cava il cor. Pur or mi dicea cose
Quella buona figliuola,
Che mi strozzan sino il boccone in gola.
LES.   Non affligerti tanto
           Ella sarà mia sposa
           Così cangerai la tua fortuna.
GIAN.   Ah no, per me non v' e'
Speranza alcuna
La povera mia figlia
Troppo mi sta sul core
Io moriro' d'affanno, e di dolore.

A R I A.

Chi non sa che cosa sia
Il morir di doppia morte
D'una figlia l'aspra sorte
Provi al pati oh dio! di me.
                              parte.
LES.   O donne veramente
Nate solo per farvi maltrattare!
Or che pensi di fare,
Infelice Lesbin!... Ma quali grida,
E qual suono di corni?
              si sente un suono di corni.
Intorno empie la selva?
si veggono sopra la collina alcuni cacciatori.
Che siano i cacciatori del Marchese?
Si vada un po' a veder. La su quel colle

Jeannotin, Jeannotin, sors de ta cabane. (*Il frappe.*)

JEAN. Qui vient me déranger ?

LES. C'est moi. (*Jeannotin ouvre.*)

JEAN. Eh ! c'est toi, Lesbin ? Tu vois .. je soupais avec ma Griséïs... la pauvre petite !

LES. Comment supporte-t-elle son abandon ?

JEAN. Ah ! tais-toi... je ne puis te le dire... Elle soupire, et, de tems en tems , des larmes lui tombent des yeux : en vérité, elle me perce le cœur. Tout-à-l'heure, cette chère fille me disait des choses à m'arracher les morceaux de la bouche.

LES. Ne t'afflige point tant ; elle sera mon épouse ; ainsi ta fortune changera.

JEAN. Je ne conserve aucun espoir. Ma pauvre fille me cause une peine... je suis sûr que j'en mourrai de douleur.

A I R :

Que celui qui ne sait pas ce que c'est que de mourir deux fois, vienne envisager ma fille , et qu'il gémisse sur son sort et le mien. (*Il sort.*)

LES. O femmes vraiment nées pour vous faire maltraiter ! Malheureux Lesbin , que vas-tu faire ?... Mais quel est ce son du cor ? (*on entend un bruit de cors.*) la forêt en retentit. (*on voit plusieurs chasseurs sur la colline.*) Sont-ce les chasseurs du marquis ? allons voir. Voilà une dame sur la colline...

V' è una signora... Zitto Ella si appressa.
Ora la riconosco : è la Duchessa.
La Duchessa al braccio del Conte discende dalla collina. Vien dopo di essa il Marchese, che riconoscendo la Capanna di Griselda, resta indietro nella maggiore costernazione. Lesbino osserva in disparte.

SCENA V.

LA DUCHESSA, IL CONTE, LESBINO, IL MARCHESE, poi GRISELDA, ed in ultimo GIANNUCOLE, che sorte mezzo svestito dalla capanna.

SESTETTO.

DUC.   Mi son molto divertita
     E' la caccia un bel diporto.

CON.   Io per Bacco ho un gran trasporto
     Sol ne' piatti ad uccellar.

LES.   Il padron sì smorto in viso.
           alla Duc., e al Conte.
     Cosa ha mai? perchè sospira?

DUC.
CON. *a 3*   Mesto il guardo intorno gira,
LES.   Par che in piè non possa star.

MAR.   Qual virtude, oh Dei! si chiude
     In quell' umile capanna:
     Ah! la smania, che mi affanna
     Più non posso simular.

DUC.
CON. *a 3*   Deh! che avete? cosa fate?
LES.   Perchè state a sospirar?

MAR.   Corsi troppo, e son sì lasso;
     Che mi manca il respirar.
     cercando di nascondere la sua costernazione.

a 3   Via sedete su quel sasso,
     Che vi stiamo ad aspettar.

paix! elle s'avance : je la reconnais ; c'est la duchesse.

(La duchesse descend de la colline en donnant le bras au comte. Le marquis vient après elle, qui, reconnoissant la cabane de Griséis, reste frappé de surprise. Lesbin observe à part.)

SCÈNE V.

LA DUCHESSE, LE COMTE, LESBIN, LE MARQUIS, ensuite GRISÉIS, et enfin JEANNOTIN, qui sort à moitié vêtu de la cabane.

SEXTUOR.

LA DUC. Je me suis beaucoup amusée ; la chasse est une charmante récréation.

LE COM. J'éprouve un grand plaisir à tirer les oiseaux au vol.

LES. Mon maître est pâle comme la mort. Qu'a-t-il ? pourquoi soupire-t-il ?

LA D.
LE C. *à 3* { Il tourne des yeux inquiets de tous côtés ; il paraît ne pouvoir se tenir sur
LES. { ses jambes.

LE MARQ. Combien de vertu, ô ciel ! est renfermée dans cette cabane ! Ah ! je ne puis dissimuler davantage la douleur qui m'oppresse.

LA D.
LE C. *à 3* { Hélas ! qu'avez-vous ? que faites-vous ? pourquoi soupirez-vous ainsi ?
LES.

LE MARQ. J'ai trop couru ; je suis si las, que je me trouve hors d'haleine. *(Il cherche à cacher sa consternation.)*

à 3 { Asseyez-vous sur ce rocher : nous allons vous attendre.

si apre la porta della capanna, verso la
  quale parla Gris. nell' atto di sortire.
Padre, ho sete: non temete,
Vado al fonte, e tosto io ri-do,
Ma v' è gente... oh Dei !.. Che vedo?...
Ah! Marchese! Ah, mio signor...
corre a gettarsi a' piedi del Mar., che
  sta seduto sul sasso, e resta colpito al
  veder Gris.

DUC.
NAR.
CON. *a* 4 Che sorpresa è questa mai !
LES.   La pietà mi stringe il cor.

Gris. tuttavia inginocchiata stringendo
  la mano al Marchese, che la fa sorgere,
  si alza nella maggiore costernazione,
  e dice :
Questa man, che un dì fu mia,
Deh! lasciatemi baciar.

   a 4 Più non so dov' io mi sia,
       A me sembra di sognar.

CON.   Ah, Duchessa, in quelle spoglie
      Qual vi sembra ? Che vi par ?
DUC.   Veggo alfin, che un' egual moglie
      E' difficile a trovar.
LES.   (Il padrone ha compassione :
      Che farà sto ad osservar.)
MAR.   Su coraggio. Ancor per poco
      Questo gioco ha da durar.
GIAN.   Griselda...　　*dentro la capanna.*
Tutti 4 Chi ti chiama ?
GIAN.   Griselda...
GRIS.   E' il padre mio.
GIAN.   Ma figlia.... Oh! Che vegg' io !
       uscendo fuori mezzo svestito.
Signori, con rispetto...
Andava adesso a letto...
Non attendea tal visita...
Vi prego a perdonar.
Tutti 4 Ma dove vai, Giannucole?

(La porte de la cabane s'ouvre ; on entend Griséïs qui parle avant de sortir.)

GRIS.   Mon père, j'ai soif ; ne craignez rien : je vais à la fontaine, et je reviendrai bientôt... Mais, voilà du monde... ô ciel!... que vois-je?... Ah, marquis! Ah, mon seigneur!... *(Elle court se jeter aux pieds du marquis, qui est assis sur le rocher, et qui reste frappé d'étonnement à la vue de Griséïs.)*

LA D.
LE M.   à 4   Quelle surprise! la pitié me serre le
LE C.   cœur.
LES.

(Griséïs prosternée aux pieds du marquis, lui serre la main ; il la fait relever ; elle se relève et lui dit avec tristesse :)

Ah! laissez - moi baiser cette main qui m'appartint autrefois.

à 4   Je ne sais où j'en suis ; ceci me semble un rêve

LE COM.   Ah, duchesse! comment la trouvez-vous avec ces simples habits?

LA DUC.   Je vois, enfin, qu'une femme semblable à elle est difficile à trouver.

LES.   (Mon maître paraît s'émouvoir : voyons ce qu'il fera.)

LE MARQ.   Allons, du courage. Il faut que ce jeu dure encore un peu de tems.

JEAN.   *(dans la cabane.)* Griséïs!...

Tous 4.   Qui t'appelle?

JEAN.   Griséïs !

GRIS.   C'est mon père.

JEAN.   Ma fille... Oh! que vois-je? *(il sort à moitié vêtu.)* Seigneurs, sauf votre respect... j'allais m mettre au lit... Je n'attendais pas cette visite... Je vous prie de pardonner...

Tous 4.   Mais où vas-tu, Jeannotin?

GIAN.   Mi vesto, e torno subito
Tutti 4   Che serve? Puoi restar...

GIAN.
GRIS. *a 2* } Oh! questo non può star.

> *Giannucole entra nella capanna Intanto*
> *il Marc. dopo un po' di contrasto*
> *sforzandosi segue a dire:*
> Griselda, in questa sera
> Mi torno a maritar.
> Voglio con pompa altera
> Le nozze celebrar.

GRIS.   (Numi, che colpo orribile!
        Mi sento il cor strappar.)

DUC.
CON. *a 3* { (Un cor del suo più barbaro
LES.   Nò, non si può trovar.)

MAR.   Per onorar la sposa,
sforzandosi di nascondere la sua cos-
ternazione.
> Per renderle servigio
> La cura d' ogni cosa
> A te voglio affidar

GRIS.   Signor quel che vi piace
reprimendo l'estrema sua afflizione con
umiltà, e rassegnazione.
> Fu sempre il mio piacer.

    a 4 { Oh che costanza eroica!
         Sterditò è il mio pensier.

Tutti.   Presto andiamo: la sera s' avanza.
GIAN.   Io vi prego a scusare l' increanza
                ritorna vestito.

GRIS.
GIAN. *a 2* { Figlia... Conte... Marchese... Signora...
          Padre...

    a 4 Che si fa? che si tarda in malora?
        Presto presto, non stiamo a tardar.

JEAN. Je vais m'habiller, et je reviens.

Tous 4. A quoi bon ? tu peux rester.

JEAN. à 2
GRIS.   } Oh ! cela ne peut être ainsi.

(Jeannotin entre dans la cabane ;
cependant le marquis, après avoir hé-
site, continue, avec contrainte, à dire :)
Griséis, je me remarie ce soir, et je
veux célébrer mes noces avec beaucoup
de pompe.

GRIS. (O dieu ! quel coup horrible ! il dé-
chire mon cœur.)

LA D.
LE C. à3 { (On ne peut trouver un cœur plus
LE M.   barbare que le sien.)

LE MARQ. *(S'efforçant de cacher sa consterna-*
tion.) Je veux, pour honorer mon
épouse, te confier le soin de la servir et
de tout apprêter.

GRIS. *(Renfermant son extrême affliction,*
avec résignation et humilité.) Seigneur,
mon plaisir fut toujours de faire ce qui
pouvait vous plaire.

à 4 { Quelle constance héroïque ! je ne puis
      revenir.

Tous. Allons vîte ; la nuit s'avance.

JEAN. Je vous prie d'excuser l'incivilité. *(Il*
revient habillé.)

GRIS. à 2 { Mon père
JEAN.   { Ma fille   comte... marquis... madame..

à 4 { Que faisons-nous ici ? que tardons-
      nous encore ? Allons, allons, ne tardons
      pas davantage.

SCENA VI.

Camera corrispondente alla stanza del letto del Marchese.

DORISTELLA; indi LISETTA vestita collo abito signorile deposto da GRISELDA.

DOR. Non avrei mai creduto, che il Marchese
Fosse tanto crudel. Povera donna!...
Infelice Griselda!... Al suo destino
Io son per la pietà stupida, e oppressa
LIS. Son serva riverente alla Contessa.
     con riverenza caricata.
Ehi, servi... camerieri...
   con caricatura verso la scena.
Chiamatemi il Marchese in fretta in fretta.
DOR. Ma che vuol dir, Lisetta?
Quell' abito perchè?
LIS. Vuol dir, che adesso
Tira il vento propizio al nostro sesso.
Io non son più Lisetta,
Cioè non son più figlia d' un Fattore:
Son dama, e sarò sposa a un gran signore.
DOR. Che?... Del Marchese...
LIS. Oh il vostro signor padre
Non soffrirebbe questo. Egli al Marchese
Suggerisce di prendere una Dama
Per decoro, ed onor della famiglia,
E in questo andrà d' accordo con la figlia.
DOR. Io non posso capire cosa alcuna.
LIS. Mi capirete poi.
DOR. Buona fortuna.
        parte.

SCÈNE VI.

Une chambre adjacente à la chambre à coucher du marquis.

DORISTELLE, ensuite LISETTE, vêtue des habits de parade laissés par Griséis.

DOR. Je n'aurais jamais cru que le marquis fût si cruel... Pauvre femme... malheureuse Griséis... La pitié me presse et m'intéresse à son sort.

LIS. Je salue madame la comtesse... Hem ! serviteurs, laquais ! faites venir le marquis en hâte. (*En appellant d'une manière ridicule.*)

DOR. Qu'est-ce que cela signifie, Lisette ? Pourquoi cet habit ?

LIS. Cela veut dire que le vent souffle d'un côté propice à notre sexe. Je ne suis plus Lisette ; c'est-à-dire je ne suis plus la fille d'un intendant ; je suis une dame prête à devenir l'épouse d'un grand seigneur.

DOR. Quoi !... du marquis ?

LIS. Oh ! notre père ne souffrirait pas cela. Il a suggéré au marquis de prendre une dame pour l'honneur de la famille ; et sans doute il parlait d'après sa fille.

DOR. Je ne puis rien entendre à tout cela.

LIS. Vous m'entendrez bientôt.

DOR. Bien du bonheur. (*Elle sort.*)

SCENA VII.

LISETTA, indi GRISELDA.

LIS.   Oh! fortuna senz' altro... Ma che vedo?
Non è questa Griselda? Io non m' inganno.
E che ritorna a far?

GRIS.   Lisetta!... oh Dio!
Siete voi?

LIS.   Si son io. Qual meraviglia?

GRIS.   (Ah! ch' io non reggo più. Chi mi consiglia?)

LIS.   Griselda, cosa avete?

GRIS.   Niente, Lisetta.

LIS.   Niente; ma piangete.
Orsù badate a me. Tornate tosto
Alla vostra capanna, al vostro ovile:
Qui non c' è pan per voi, or che il Marchese
Non vi vuol più, or che v' ha ripudiato,
E... che d' un' altra s' è già innamorato.

GRIS.   Ma e da me che temete?...

LIS.   Io?... non saprei...
Foste moglie, e marito, e... non vorrei...

GRIS.   E' vano ogni timor.

LIS.   Sarà; ma... oh in somma
Non ti ci voglio più, m' hai tu capito?

GRIS.   Non vi sdegnate. E che volete mai.
Che vi faccia di male un' infelice?

LIS.   (Oh che rabbia mi fa con quella flemma!)
girando sdegnosa.

GRIS.   Calmatevi, Lisetta.

LIS.   Oh cara, oh poveretta!
con caricatura ironica.
E che ti credi?
Di tornare a sedur con le tue smorfie
Il Marchese di nuovo?   *sdegnosa.*

GRIS.   Io sedurlo?   *con delcezza.*

LIS.   Sedurlo? *ripete con caricatura l' atto di Gris.*

SCÈNE VII.

LISETTE, ensuite GRISÉIS.

LIS. Oh! du bonheur sans autre... Mais que vois-je ? n'est-ce pas là cette Griséis? je ne me trompe pas. Que revient-elle faire ici ?

GRIS. Lisette, ô ciel! est-ce vous ?

LIS. Oui, c'est moi. Quelle merveille ?

GRIS. (Ah je ne me possède plus. Qui me conseillera ?)

LIS. Griséis, qu'avez-vous ?

GRIS. Rien, Lisette.

LIS. Rien, et vous pleurez. Écoutez-moi. Retournez vite à votre cabane, à votre troupeau : il n'y a point de pain ici pour vous. Le marquis ne veut plus de vous, il vous a répudié, et... il s'est épris d'une autre.

GRIS. Eh bien, que craignez-vous de moi ?

LIS. Moi ?... je ne suis... Vous fûtes sa femme ; il fut votre mari... et je et je ne voudrais pas...

GRIS. Tes craintes sont vaines.

LIS. Sans doute ; mais... enfin je ne te veux pas ici ; m'as-tu comprise ?

GRIS. Ne vous fâchez pas Que voulez-vous que puisse vous faire une infortunée comme moi ?

LIS. (Quelle rage elle me donne avec ce ton froid. (*Elle retourne avec mépris.*)

GRIS. Calmez-vous, Lisette.

LIS. (*avec ironie*) Oui, ma chère petite, fiez-vous-y. Tu viens ici pour chercher à séduire le marquis avec tes mines.

GRIS. (*avec douceur.*) Moi! le séduire ?

LIS. (*en contrefaisant Griséis, avec ironie*) Le séduire ?

Se di qua non ten vai,
Cosa sa far Lisetta or or vedrai,
       sempre sdegnosa.

DUETTO.

GRIS. Vederlo sol bramo
Contento, e felice:
Sperar non mi lice
Nè gioja, nè amor.
LIS. Vedete, vedete
La cara innocente,
La savia, e prudente,
La donna d' onor!
GRIS. Son puri i miei voti.
LIS. Sei scaltra, sei finta.
GRIS. Tel giuro, non mento.
LIS. Che bile mi sento!
à 2 { Nel volto ha dipinta
    { La smania del cor.
GRIS. Ah! più soffrir non posso:
Mi sento un foco addosso,
Perdo la mia prudenza,
Se non vo' via di quà.
LIS. Frenarmi più non posso:
Or or le salto addosso.
Già perdo la pazienza,
Se non va via di quà.   *parte Gris.*

SCÈNA VIII.

LISETTA, indi IL **MARCHESE**, poi **GRISELDA**
con la scopa in atto di ripulire la stanza.

LIS. Partì rabbiosa; ho gusto. Oh se il Marchese
S' induce, com' io spero, alle mie brame,
No' far mangiare il core a queste Dame.
MAR. Brava, brava, Lisetta.
LIS. Addio, Marchese.   *con aria caricata.*
GRIS. (Quanto sono infelice!
Che mi tocca a vedere.)

Si tu ne t'en vas pas d'ici, tu verras
ce que sait faire Lisette.

D U O.

GRIS. Tout ce que je desire, c'est de voir
le marquis heureux : il ne me convient
d'attendre ni joie ni amour.

LIS. Voyez, voyez la chère innocente,
la sage, la prudente, la femme d'honneur.

GRIS. Mes vœux sont purs.

LIS. Tu es une rusée matoise.

GRIS. Je te le jure; je dis la vérité.

LIS. Quelle colère je me sens !

à 2: On lit sa fureur sur son visage.

GRIS. Ah ! je ne puis plus y tenir, la colère
me subjugue; je perds ma prudence si
je reste ici davantage.

LIS. Ah ! je ne puis plus y tenir; je lui
saute aux yeux; je perds la patience
si elle reste ici davantage. (*Griséis sort.*)

SCÈNE VIII.

LISETTE, ensuite LE MARQUIS, et après
GRISÉIS avec le balai à la main, comme pour
nettoyer la chambre.

LIS. Elle s'en va en colère; j'en suis fort
aise. Oh ! si le marquis se rend à mes
vœux, comme je l'espere, je vais faire
crever de dépit le cœur de ces dames.

LE MARQ. Fort bien, Lisette.

LIS. Je salue monsieur le marquis.

GRIS. (Que je suis malheureuse d'être expo-
sée à ce spectacle !)

LIS.   Accostati, mio caro. Ehi ... da sedere.
GRIS.   (Che sia dessa la sposa?)
LIS.   Or dite un poco:
    Ho aria da Marchese?
MAR.   Affatto, affatto.
LIS.   Griselda, il tuo vestito
    Par fatto propriamente sul mio taglio.
    M' è caduto il ventaglio ...
      Si lascia apposta cadere il ventaglio, e
  Griselda lo raccoglie, e glielo rende.
    Presto fa il tuo dovere
    Accostati, mio caro. Ehi ... da sedere.
GRIS.   Ma scusate, Signor, la vostra sposa
    Sarebbe ... forse ...?
MAR.   Dimmi, saria male,
    S' ella fosse Lisetta?
GRIS.   E' sempre bene
    Tutto ciò, che voi fate.
LIS.   Dalla figlia
    D' un vil pastore a quella d' un fattore,
    Da una ricca ad un' ultra poveretta,
    Da Griselda a Lisetta oh certamente
    (Io non faccio per dir) c' è differenza.
    Se divento Eccellenza.
    Colle mie smorfie, col mio brio, con quello,
    Che dai galanti spirito si chiama.
    Vedrai quanto son brava a far la Dama.
                   parte.

SCENA IX.

GRISELDA e IL MARCHESE.

GRISELDA va di nuovo per ripulire la stanza;
intanto il MARCHESE turbato, e quasi commosso
si trattiene a guardarla; poi componendosi, dice:

MAR.   GRISELDA, ogni mio cenno
    Non sei tu pronta ad eseguir?

LIS. Approche-toi, mon cher... eh !... des siéges.

GRIS. (Serait-ce là l'épouse ?)

LIS. Dites-moi : ai-je l'air d'une marquise ?

LE MARQ. Parfaitement.

LIS. Griséis, ta robe est faite juste à ma taille. J'ai laissé tomber mon eventail... (*elle laisse tomber exprès son éventail ; Griséis le ramasse et le lui rend.*) vite, fais ton devoir. Approche-toi, mon cher. Eh !... des siéges.

GRIS. Excusez-moi, seigneur : votre épouse serait... peut-être...

LE MARQ. Dis-moi : serait-ce mal que ce fût Lisette ?

GRIS. Tout ce que vous faites est toujours bien.

LIS. De la fille d'un vil pâtre à celle d'un intendant, d'une femme riche à une pauvre, de Griséis à Lisette, il y a certainement beaucoup de différence. Si je deviens marquise, tu verras à mes mines, à ma gaité, à ce je ne sais quoi, que les galans appellent bon ton, si je sais faire la grande dame.

(*Elle sort.*)

SCÈNE IX.

GRISÉIS, LE MARQUIS.

(G R I S É I S s'apprête de nouveau à nettoyer la chambre, tandis que le Marquis la regarde avec émotion ; ensuite il dit d'un air composé :)

LE MARQ. G RISÉIS, n'es-tu pas résolue d'obéir à mes moindres volontés ?

GRIS. Potreste
Voi dubitarne? *deponendo la scopa.*
MAR. Ebbene : a te fra poco.
dopo un po' di riflesso, e di contrasto.
La Duchessa verrà. Ciò, che t' impone,
E' mio voler.
GRIS. Obbedirò. *sospirando.*
MAR. Sospiri?
Parla ... Cos' hai?
GRIS. Deh ! per pietà scusate
Una povera donna ... che fu sempre
Vaga del vostro ben ... Lisetta è dunque
La vostra sposa? ...
MAR. (Ah ! di pietà, d' amore
Ho sì commosso il core,
Che più finger non so.)
GRIS. Voi vi turbate?
Deh ! signor, perdonate ...
MAR. Orsù, t' accheta.
di nuovo componendosi; ma parlando con
dolcezza quasi in atto di confortarla.
La sposa mia fra poco
Ti mostrerò ... Non son sì sciocco, o strano
Di sposarmi a costei ... quella, che ho scelto,
Conoscerai, che serba in petto un core,
Che è per me tutto fede, e tutto amore.

A R I A.

Io non bado al volto, al grado :
Dote, età punto non curo :
Voglio un cor, che sia sicuro,
Che mi serbi fedeltà.
Questo core io l' ho trovato ...
con tenerezza.
Lo conosco ... l' ho provato ...
con trasporto.
Egli è mio ... nessun mel toglie ...
Ah ! vedrai, che questa moglie
quasi in atto di abbracciarla.
Sempre cara mi sarà.

GRIS. En pouvez-vous douter ? (*Elle laisse son balai de côté.*)

LE MARQ. Eh bien... (*avec contrainte , après un peu de réflexion.*) La Duchesse viendra vers toi dans peu d'instans ; ce qu'elle te commandera est ma volonté.

GRIS. J'obéirai. (*Elle soupire.*)

LE MARQ. Tu soupires ? parle... qu'as-tu ?

GRIS. Ah ! par pitié excusez une pauvre femme... qui fut toujours attachée à vos intérêts... Lisette est donc votre épouse ?

LE MARQ. (Ah ! mon cœur est tellement ému de pitié, d'amour, que je ne puis plus feindre.)

GRIS. Vous vous troublez ? hélas ! seigneur, pardonnez...

LE MARQ. (*Il se compose encore ; mais parle avec douceur, et comme s'il voulait la consoler.*) Je te montrerai dans peu mon épouse. Je ne suis ni assez fou ni assez sot pour épouser Lisette... celle que j'ai choisie a un cœur plein d'amour ; tu en jugeras.

AIR.

Je ne regarde point à la figure ni au rang ; je ne m'inquiète point de la dot ; je veux un cœur dont la fidélité me soit connue. (*avec tendresse.*) Je le connais... je l'ai éprouvé... (*avec transport.*) Il est à moi... personne ne me l'a ravi... Ah ! tu verras combien cette épouse me sera chère. (*il est prêt à l'embrasser.*) Je résiste avec peine au désir de tomber

(Non resisto a quel trasporto,
Che mi sprona ad abbracciarla.
Ah ! si vada a consolarla :
Il ritardo è crudeltà.)   *parte.*

SCENA X.

GRISELDA , indi LA DUCHESSA con due Camerieri, che portano due lenzuola.

GRIS. Povero cor, che dici ? In tanto duolo
Solo per tuo conforto
A te restava la speranza, e questa,
Or che il duolo è maggior, più non ti resta.
DUC. Griselda, questi lini
D' ordine del Marchese io ti conseguo.
GRIS. Che deggio far ?
DUC. Alla novella sposa
Il nuzial letto or di tua man prepara.
GRIS. (Oh comando crudel ! oh legge amara !)
                    turbata, commossa.
DUC. Ebben ?.. che pensi ?
GRIS. Del Marchese i cenni
A me non sacri
*prende i lenzuoli, entra nella stanza del
letto, intanto partono i Camerieri.*
DUC. (Io son sorpresa; e voglio
Qui nascosta osservar, se la sua fede
A un sì barbaro colpo ancor non cede.)
*si ritira dentro le coltrine, che chiudono
l' ingresso della stanza.*
GRIS. *Ritornando, e guardando verso il luogo,
dove sta il letto, con volto pallido, e con-
traffato, dice :*
Su, Griselda... coraggio. Oh Dio ! di questo
Un dì sì care, or troppo infauste piume,
Più non soffro la vista... e di mia mano
*in atto di entrare di nuovo dove sta
il letto, e poi ritrocedendo.*

dans ses bras. Ah ! cherchons à la consoler ; c'est une cruauté de tarder davantage. *(Il sort.)*

SCÈNE X.

GRISÉIS, ensuite LA DUCHESSE, avec deux
domestiques qui portent des draps.

GRIS. Pauvre cœur, que dis-tu ? l'espérance
te restait pour seule consolation au milieu de tant de peines ; et maintenant
que les peines augmentent, elle t'est en-
levée.

LA DUC. Griséis, je t'apporte ces draps, par
ordre du marquis.

GRIS. Que dois-je faire ?

LA DUC. Tu dois préparer de tes mains, le lit de
la nouvelle mariée.

GRIS. *(Avec trouble.)* Quel ordre cruel !
quelle loi pleine d'amertume !)

LA DUC. Eh bien ?... que penses-tu ?

GRIS. Les volontés du marquis me sont sa-
crées. *(Elle prend les draps , et entre
dans la chambre à coucher : les domestiques se retirent.)*

LA DUC. Je suis bien surprise. Je veux me cacher pour voir si sa fidélité ne cédera
pas à ce coup. *(Elle se retire derriere
les rideaux qui ferment l'entrée de la
chambre.)*

GRIS. *(Elle revient et regarde vers le lieu où
est le lit, avec le visage pâle et abattu.)*
Allons, Griséis, du courage. O dieu ! je
ne puis soutenir la vue de ces objets jadis
si chers à mon ame... Quoi ! de mes
propres mains, il faut les préparer pour
ma rivale ? *(Elle va pour entrer dans
la chambre à coucher, et puis recule.)*

Dunque apprestarle io stessa
Deggio alla mia rival?... Ah non mi sento
Tanto valor... La mia virtù vacilla...
Il cor mi trema... L' alma si confonde...
E la mano al desio più non risponde.

A R I A.

Voi pur foste, o care piume,
  Sacre un tempo al mio riposo.
  Io qui giacqui col mio sposo
  Fra i piacer d' un casto amor.
Ora... oh Dio d' affanno oppressa
  L' alma mia fuor di me stessa
  La virtù la fede usata
  Cerca indarno entro il mio cor.
Ah, Griselda sventurata,
  Così servi al tuo signor?
Care donne maritate,
  Che de' sposi vi lagnate;
  Chi di voi potria resistere
  A sì barbaro dolor.

entra dove sta il letto.

SCENA XI.

LA **DUCHESSA** uscendo dal luogo ove stava
nascosta; indi dalla porta di mezzo IL **CONTE**,
e **DORISTELLA.**

DUC. Son fuor di me. Non avrei mai creduto,
  Che una costanza oggi sì rara, e strana
  Albergasse nel cor di una villana.
CON. Ma perchè sei contraria *parlando a Dor.*
  A queste nozze? Parlami sincera.
DOR. Parlerò schietto, ed alla mia maniera.
  Dopo ch' egli ha sfrattato
  La povera Griselda, e chi volete,
Che accetti il suo partito?
Ci vuole una gran voglia di marito.

Ah ! je ne m'en sens point la force...
ma vertu chancelle... mon cœur palpite .. mon ame se trouble... ma main
ne répond plus à mon desir.

A I R.

O lit nuptial, qui me fus jadis si cher !
tu me reçus avec mon époux, brûlant
pour moi d'un chaste amour.

Aujourd'hui, ô dieu! mon ame m'a-
bandonne; ma vertu reçoit un coup
mortel : je la cherche en vain dans mon
cœur.

Ah, Griséis ! malheureuse Griséis !
est-ce ainsi que tu obéis à ton époux ?

O vous, épouses frivoles! dites-moi
laquelle de vous pourrait résister à la
douleur barbare qui m'accable ?

(Elle entre dans la chambre à coucher.)

SCÈNE XI.

LA **DUCHESSE** sortant du lieu où elle était cachée; ensuite LE **COMTE** et **DORISTELLE**,
entrant par la porte du fond.

LA DUC. JE suis hors de moi. Je n'aurais jamais
cru qu'une constance si rare habitât dans
le cœur d'une paysanne.

LE COM. *(A Doristelle.)* Mais pourquoi t'op-
poses-tu à ces noces : parle sincèrement.

DOR. Je parlerai sans fard, et d'après mon
cœur. Depuis que le marquis a répudié
la pauvre Griséis, qui voulez-vous qui
l'accepte pour épouse? il faudrait avoir
une furieuse envie de se marier.

DUC. Veramente, o Contessa,
Io non so darvi torto, e veggo alfine,
Che a una moglie sì buona, e sì fedele
E' stato mio fratel troppo crudele.
CON. Ebben?... perchè non fate,
Ca' ei la riprenda ancor?...
DOR. Perch' ei non l'ama.
CON. Figlia, risolvi, andiam. Già per le nozze
Tutto è disposto, e già l'ignota sposa
Ognuno attende in te.
DOR. Son vostra figlia:
Ma il mio desire al mio dover contrasta.
CON. Tuo padre tel comanda, e tanto basta.
Figlia, t'invita il padre oggi alle nozze.
Ma sposa non sarai.
DUC. Come?
ÇON. Stordite?
Vi prego a compatirmi,
Se in enigma vi parlo, e non capite.

parte con Dor.

SCENA XII.

LA DUCHESSA, indi GIANNUCOLE, poi
LISETTA coll' abito signorile, indi
LESBINO.

DUC. Cosa dir voglia il Conte
Io non capisco affe. Vuol che alla nozze
Vada la figlia, e le promette intanto,
Che sposa non sarà. Quest' e un enigma,
Ch' io non capisco affatto.
Per bacco! o ch' io son sciocca, o ch' egli
è matto.

FINALE.

Non capisco questa cosa...
Ma le nozze or or si fanno.
Se costei non e la sposa,
Qual è dunque? e chi sarà?

LA DUC. En vérité, comte, je ne saurais vous donner tort; et je vois, enfin, que mon frère a été beaucoup trop barbare envers une épouse si bonne et si fidelle.

LE COM. Eh bien, que ne travaillez vous à la lui faire reprendre?

LA DUC. Parce qu'il ne l'aime pas.

LE COM. Allons, ma fille, resous - toi. Déjà tout est disposé pour les noces, et déjà chacun attend en toi l'épouse inconnue.

DOR. Je suis votre fille ; mais mon desir se trouve en opposition avec mon devoir

LE COM. Ton père te le commande, il suffit. Ma fille, je t'invite aujourd'hui à des noces, mais tu ne seras pas la mariée.

LA DUC. Comment?

LE COM. Vous vous étonnez. Je vous prie de m'excuser si je ne vous rends pas cette énigme plus claire.

(*Il sort avec Doristelle.*)

SCÈNE XII.

LA DUCHESSE, ensuite **JEANNOTIN, LISETTE,** en habit de parade, et **LESBIN.**

LA DUC. Je n'ai rien compris à ce qu'a voulu dire le Comte. Il veut que sa fille aille à la noce, et il lui promet, en même tems qu'elle ne sera point la mariée. C'est une énigme que je ne puis deviner. Il faut que je sois imbécille ou qu'il soit fou.

FINALE.

Je n'entends rien à tout cela... Mais les noces se font, et si Doristelle n'est point l'épouse du Marquis, qui donc la sera?

GIAN. Quando io vengo in questa casa,
Par ch' io venga alla malora.
Scusi in grazia, mia signora:
La mia figlia dove sta?
La Duchessa guarda verso la scena
senza rispondere a Gian.

DUC. Ma una Dama forestiera
Veggo adesso a venir quà.

GIAN. A Lisetta nella ciera   *guardando.*
Rassomiglia in verità.

LIS. Io m' inchino alla Duchessa.
              sempre colla solita caricatura.
Addio rustico villano.
Vieni quì, bacia la mano.
Camerieri, chi... chi è di là?

DUC. ⎫ Che vuol dire quel vestito?
GIAN. *a 2* ⎬ Perchè mai tal novità?

LIS. Son di nozze, son d' invito,
Il marchese... ehi cosa fa?
                        verso la scena.

DUC. Mi sai dir chi sia la sposa?

LIS. Questa cosa non si sa.

DUC. (Al parlar, che fece il Conte...
Al vestito di costei...
Io sospetto... e non vorrei...
Ma nol credo, e non può star.)

LIS. (Al vedermi in questa gala
Ha timor, ch' io sia la sposa.
Oh! se nasce questa cosa.
Queste dame han da crepar.)

GIAN. (Che Lisetta del Marchese
Sia la sposa? Stiamo attenti.
Proprio è un pan per i suoi denti;
L' ha saputo ritrovar.)

LIS. Voi Duchessa, e tu sorella,
Dal Marchese siete attese;
Alle nozze egli v' appella,
E vi prega a non tardar.

DUC. Perchè c' entra questa qua?
                        con isdegno.

JEAN. Quand je viens dans cette maison, c'est toujours pour mon malheur. Excusez-moi, madame ; ne pourrais-je savoir où est ma fille ? (*La Duchesse regarde d'un autre côté sans répondre à Jeannotin.*

LA DUC. Mais je vois venir, je crois, une dame étrangère.

JEAN. (*La regardant*) elle ressemble à Lisette, par la tournure.

LIS. Je salue madame la Duchesse. Bon jour, bon paysan ; approche toi, baise ma main. Eh ! laquais... quelqu'un !

LA D. } à 2 { Que veulent dire ces vêtemens ? pour-
JEAN. } { quoi cette nouveauté ?

LIS. Je suis de noce, de festin. Le marquis... que fait-il ?

LA DUC. Peux-tu me dire quelle est l'épouse ?

LIS. Cela ne se sait pas.

LA DUC. (Aux discours du comte... aux vêtemens de Lisette... je soupçonne...je redoute... Mais non, je ne le crois pas ; cela ne peut être.)

LIS. (Elle a peur, en me voyant de ce festin, que je ne sois l'épouse : si cela est, ces dames crèveront de dépit.)

JEAN. (Restons pour voir si Lisette sera l'épouse du marquis. Cela lui conviendra parfaitement.)

LES. Vous, madame la duchesse, et toi, ma sœur, vous êtes attendues par le marquis : il vous appelle, et vous prie de ne point tarder.

LA DUC. (*Avec dédain.*) Pourquoi celle - ci vient-elle ?

LIS. V' è il perchè; ma non si sa.
con derisione, e caricatura.
DUC. Tu non c' entri colla sposa.
LIS. C' entro anch' io per qualche cosa.
DUC. Vo' saperlo, o ch' io non vengo.
LIS. Venga, venga, e lo saprà.
LES.
GIAN. *à 2* } Ho una gran curiosità.

partono tutti.

SCENA XIII.

Sala magnifica pomposamente ornata, con un banchetto preparato per le nozze del Marchese.

I Camerieri cantano il seguente Coro, che sta nel mezzo, mentre coll' ordine, che sotto si vede, escono tutti i Personaggi dalla scena, eccetto GRISELDA, LESBINO e GIANNUCOLE.

C O R O.

AI concenti di lieti instromenti
Spiri il volto una gioja verace:
Quella sposa, che sceglier vi piace,
A noi grata, e stimata sarà

DUC. *à 2* { (Son stordita… confusa, smarrita …
DOR.   { Non camprendo, che cosa sarà.)
CON. *à 2* { (D' esser sposa Lisetta s' aspetta,
MAR.   { Ma per Bacco burlata sarà.)
LIS. (Già la sposa senz' altro è Lisetta.
Questa cosa da rider sarà.

C O R O.

Quella sposa, che sceglier vi piace,
A noi grata, e stimata sarà.
Siedono tutti al banchetto. Lisetta va a mettersi a destra del Marchese. La

LIS.   (*Avec dérision.*) Le pourquoi ne peut
se savoir.

LA DUC.   Entres-tu pour être au service de l'é-
pouse ?

LIS.   J'entre pour quelque chose.

LÀ DUC.   Je veux le savoir, ou je n'y viens pas.

LIS.   Venez, venez ; vous le saurez.

LES.
JEAN. *à 2* } J'ai beaucoup de curiosité.

(Ils sortent tous.)

SCÈNE XIII.

Une salle magnifique, pompeusement
ornée, avec un festin préparé pour les
noces du Marquis.

Les Domestiques chantent le chœur suivant, au
milieu du théâtre, tandis que les autres per-
sonnages paraissent dans l'ordre indiqué ci-
dessous, exceptés GRISÉIS, LESBIN et
JEANNOTIN.

CHŒUR.

Réjouissons-nous au bruit des plus
agréables instrumens : l'épouse qu'il plaît
au marquis de choisir, nous sera toujours
chère

LA D.
DOR. *à 2* { (Je suis frappée d'étonnement... je
suis confuse... je ne comprends rien
à tout ceci.)

LE C.
LE M. *à 2* { (Lisette s'attend à être l'épouse ; mais
elle sera trompée dans son espoir.

LIS.   (Lisette est certainement l'épouse ;
cela sera un grand sujet de joie.)

CHŒUR.

L'épouse qu'il plaît au marquis de
choisir, nous sera toujours chère.

(Ils se mettent tous à table. Lisette se

Duchessa in fondo presso il Conte. Il
Marchese nel mezzo, e fa venir Do-
ristella presso di se a sinistra. Resta vuoto
un posto in faccia alla Duchessa des-
tinato a Griselda.

MAR.   Pria di svelar la sposa
Mi manca un' altra cosa.
Che tarda omai Griselda ?
Dite che venga qua.

    Partono due Camerieri al cenno del
Marchese.

DUC.   A così buona femmina,
Che v' ha sinora amato ...
E' un darle troppo spasimo :
Voi siete un dispietato.
Io la compiango, e biasimo
La vostra crudeltà.

    TUTTI eccetto il Marchese.

Ah ! no : signor, placatevi ;
Usate a lei pietà.

SCENA ULTIMA.

LESBINO, GRISELDA, GIANNUCOLE, e
tutti gli altri.

GRIS.   Mio signor, al vostro cenno
Colle lagrime sul viso.
Bench' io senta il cor diviso,
Pur vi vengo ad ubbidir.

    TUTTI, eccetto il Marchese, che dà segno
della maggior costernazione.

(Ei si turba ... ei si confonde,
E' commosso al suo martir.)
MAR.   Quà, Griselda, in questo posto
                            componendosi.
Siedi tosto, e sta a sentir.
GRIS.   D' ubbidirvi io m' ho proposto
Anche a costo di morir.
    Va a sedere nel posto vuoto. Il Mar-

place à la droite du Marquis. La Duchesse auprès du Comte, le Marquis au milieu, avec Doristelle à sa gauche. Il reste une place vuide en face de la Duchesse, destinée à Griséïs.)

LE MARQ. Avant de vous nommer mon épouse, il manque ici quelqu'un. Pourquoi Griséis tarde-t-elle ? dites lui de venir.

(Deux domestiques partent au signe du Marquis)

LA DUC. C'est aussi vouloir trop causer de peine à une femme qui vous a aimé tendrement. Vous êtes un cruel. Je la plains, et je blâme votre dureté à son égard.

Tous, excepté le Marquis.

Ah ! Seigneur, laissez-vous toucher ; usez de pitié envers elle.

SCÈNE DERNIÈRE.

LESBIN, GRISÉIS, JEANNOTIN, et tous les autres.

GRIS. Mon Seigneur, je viens, baignée de larmes, me rendre à vos ordres, le cœur brisé par la douleur, mais prêt à vous obéir.

Tous, excepté le Marquis, qui donne des signes d'affliction.

Elle se trouble... elle est mourante : ah ! je partage sa douleur.

LE MARQ. Griseis, prends cette place, et sois attentive.

GRIS. Je vous obéirai jusqu'à la mort. (*Elle va s'asseoir à la place vacante. Le Mar-*

chese levandosi in piedi, e prendendo
per mano Doristella nel mostrarla a
tutti dice:

MAR.   Amici, ecco la sposa.

TUTTI , eccetto Lisetta, e Griselda.

Evviva Doristella.

LIS.   Come ... che dice? ... quella ...

*S' alza , e corre svergognata fra
Lesb., e Gian.*

Io schiatto di rossor.

TUTTI come sopra.

Evviva Doristella.
(Crepa a Lisetta il cor.)

LIS.
  à 2   } (Ah! che mi crepa il cor.)
GRIS.

MAR.   Griselda, che ti pare?   *in aria dolce.*

*Griselda avanzandozi fra Doristella,
ed il Marchese, dopo d'aver baciata
la mano a Doristella, confusa, e pian-
gente dice;*

È bella!... e vo' sperare,
Che sia pur savia, e buona;
  Ma s' ella il cor vi dona,
  Se amor vi giura, e fè,
  Per la sua età sì tenera,
  Pel vostro onor, Marchesse,
  Deh! siate a lei cortese
  Più.... che non foste.... a me.

Il Marchese , poi tutti.

Ah! che di più resistere
Capace il cor non è.

MAR.   Griselda, è tempo omai
Dopo sì acerbi guai,
Che della tua costanza
Tu colga alfin mercè.
Vieni mia cara moglie,
Al sen del tuo consorte.

*con tutta tenerezza abbracciandola, poi
mostrando a lei Doristella dice:*

*quis se lève, et prenant Doristelle par
la main, la montre à la compagnie.)*

LE MARQ.   Mes amis, voilà mon épouse.

TOUS, excepté Lisette et Griséïs.

Vive Doristelle !

LIS.   Comment... que dîtes vous... c'est
elle... je meursde honte.

*(Elle se lève et va se placer entre
Lesbin et Jeannotin.*

T O U S.

Vive Doristelle ! Lisette crêve de
dépit.

LIS.
ORIS.   *à 2* } Ah ! le cœur me manque.

LE MARQ.   Eh bien, Griséïs, qu'en penses-tu ?
*(Griséïs s'avance d'un air doux vers
Doristelle, lui baise la main, et dit au
Marquis, les larmes aux yeux et d'une
voix altérée :)* Elle est belle... j'espère
qu'elle sera aussi bonne et sage. Mais si
elle vous donne son cœur, son amour
et sa foi , ah ! Seigneur, daignez en
faveur de sa jeunesse, et pour votre
gloire, la traiter avec plus de tendresse...
que... moi.

LE MARQUIS, ensuite tous.

Ah ! il est impossible que mon cœur
résiste davantage.

LE MARQ.   Griséïs, il est tems enfin, après tant
de tourmens , que tu reçoives le prix
de ta constance. Viens donc, ma chère
épouse, viens donc te jetter dans le
sein de ton époux. *(Il l'embrasse avec
la plus vive tendresse, et puis ajoute,*

(47)

Quest' è la figlia istessa,
Ch'io finsi tratta a morte.

GRIS.   Quest' è la figlia?...

Colpita da una sorpressa, che la rende
quasi stupida.

MAR.   E' dessa.

GRIS.   Questa?... oh beata me!

cadendo fra le braccia della figlia.

TUTTI, eccetto Lis., Dor., e Gris.

Dallo stupor, dal giubbilo
Quasi son fuor di me.

DUC.   Ah! Griselda... Io lo confesso:
Son confusa, e svergognata,
Se m' accetti per cognata,
Avrai prova del mio cor.

Gris. non può parlare, s' abbracciono,
e si baciano con tenerezza; il Mar-
chese piange d' allegrezza, e così
il Conte; e Giannucole resta come
stupido presso Lesbino.

LIS.   Io non parlo, no... per Bacco,
Son piena di rossor.

LES.   Metto anch' io le pive in sacco,
Più non parlo a lei d' amor.

GIAN.   Dunque adesso un' altra volta
Ho da mettermi in parrucca?
Maledetta la mia zucca
Fa passaggi da tenor.

DOR.   *Abbracciando di nuovo la madre, e*
sollevandosi dalla sua sorpresa.
Cara madre!...

GRIS.   Cara figlia!...

MAR.   Tutta tutta la famiglia
Ora esulti al mio piacer.

TUTTI.

L' allegrezza, ed il contento
Or succeda a tante doglie;
Ed apprenda ogni altra moglie
Da Griselda il suo dover.

FINE DEL DRAMMA.

en *lui montrant Doristelle :*)Voilà cette
fille dont je feignis d'ordonner le trépas.

GRIS.   Quoi! ma fille... (*Elle reste immo-*
bile, frappée de stupeur.)

LE MARQ.   C'est elle-même.

GRIS.   Ma fille... ô bonheur inouï! (*Elle*
tombe dans les bras de Doristelle.)

Tous , exceptés Lisette, Doristelle et
Griséis.

Je suis hors de moi de joie et de
surprise.

LA DUC.   Ah! Griséis... je l'avoue; je suis hon-
teuse.... Si tu veux me recevoir pour
ta sœur, tu connaîtras combien j'ai de
regrets.
     (*Griséis ne peut parler; ils s'em-*
brassent tous avec de vives démonstra-
tions de joie. Le Marquis pleure de
tendresse, ainsi que le Comte. Jeannotin
reste immobile à côté de Lesbin.)

LIS.   Je ne saurais parler... je suis couverte de honte.

LES.   Je reste immobile; je ne lui parlerai
plus d'amour.

JEAN.   Il faut donc que j'aille m'affubler
encore une fois de mes habits de parade : tout cela me dérange beaucoup.

DOR.   Ma tendre mère... (*Elle l'embrasse*
de nouveau.)

GRIS.   Ma chère fille...

LE MARQ.   Que toute la famille partage la joie
que je ressens.

Tous.

Que l'allégresse et les plaisirs suc-
cèdent aux chagrins! et que chaque
épouse vienne, à l'exemple de Griséis,
s'instruire de ses devoirs.

FIN.